EPSOM

CHANTILLY

BADE

PAR HIÉRON

PARIS

E. DENTU, LIBRAIRE-ÉDITEUR

PALAIS-ROYAL, 17 et 19, GALERIE D'ORLÉANS

EPSOM

CHANTILLY

BADE

Paris.— Imprimé chez Bonaventure, Ducessois et C^c,
quai des Augustins, 55.

EPSOM

CHANTILLY

BADE

PAR HIERON

PARIS

E. DENTU, ÉDITEUR

Librairie de la Société des Gens de Lettres

PALAIS-ROYAL, 17 ET 19, GALERIE D'ORLÉANS.

1865

Tous droits réservés.

EPSOM
CHANTILLY
BADE

EPSOM

La célébrité d'Epsom date d'une époque très-antérieure à la fondation du Derby; elle devance même celle où les courses devinrent une institution nationale en Angleterre. Il y a deux cents ans, les routes conduisant à Epsom étaient encombrées de voitures et de piétons de toutes sortes se rendant aux merveilleuses sources salines nouvellement découvertes entre cette ville et Ashtead.

Si l'on en croit d'anciennes chroniques, on doit leur découverte à un certain Henri Nicker. Le hasard lui fit apercevoir une petite excavation remplie d'eau, dans la saison où les chaleurs intenses de l'été avaient desséché tous les cours d'eau des environs. Voulant en profiter pour s'en faire un abreuvoir, il agrandit l'orifice de la source. Les animaux domestiques y coururent avidement; mais à peine y eurent-ils touché, qu'ils témoignèrent une répugnance invincible. Cette circonstance frappa vivement Nicker; il en fit part à tous ses voisins; le bruit finit par arriver à la Société médicale de Londres, et on envoya à Epsom pour avoir l'explication de ce fait. La qualité des eaux fût établie.

Leur renommée se répandit rapidement; en moins de deux années, elles reçurent un nombre de visiteurs si considérable que le propriétaire de la source se vit contraint de la faire entourer d'un mur, et de bâtir une maison pour loger les malades. Dans une période de vingt ans, Epsom était devenu une ville importante : la réputation des cures merveilleuses opérées par ses eaux avait traversé la mer et s'était répandue sur tout le continent. On y vit bientôt affluer des malades de tous les pays. Un dépôt s'établit pour la vente des sels, et, malgré le prix élevé de cinq schellings l'once, les demandes dépassèrent bientôt la production, de telle sorte qu'il s'organisa de nombreuses falsifications de ce produit. Cette contrefaçon n'en diminua pas la vogue, et en 1697, le propriétaire du manoir de Park-Hurst fit agrandir l'édifice, construire une salle de bal de 70 pieds et planter un jardin ; il opéra enfin tous les embellissements nécessaires pour mettre l'établissement au niveau de sa réputation.

Au moment où les sources étaient dans tout l'éclat de leur prospérité, un apothicaire du nom de Livingston conçut l'idée de leur faire concurrence sur les lieux mêmes. Ce hardi projet devait réussir. Il vint s'établir à Epsom en 1690, et fut assez heureux pour y faire des bénéfices considérables. En 1706, il acheta de sir John Parsons un vaste terrain dans la ville, y fit de belles constructions, établit un club, des salles de danse, de musique et de jeu, ouvrit des boutiques pour les modistes et tous les marchands dont l'industrie est fondée sur le luxe et le plaisir. Puis il fit creuser un puits, établir des tuyaux pour conduire l'eau dans un bassin, et donna à cet établissement le nom de *Nouvelles sources*. L'eau ne possédait aucune vertu ; cependant, grâce à l'éclat seul dont sut s'entourer cette concurrence déloyale, les anciennes sources furent peu à peu abandonnées. Cet apothicaire était un entrepreneur hardi ; son audace de spéculation devait avoir, un siècle plus tard, de nombreux imitateurs : elle eut un succès complet. Le bail des véritables sources étant venu à terme, il les acheta et les fit fermer jusqu'à sa mort. En 1727,

eut un de ces remords assez étranges chez les gens dont la fortune s'est édifiée sur la fraude et le mensonge : il fonda une maison de refuge pour douze vieilles femmes, espérant que cette facile réparation mettrait en repos sa conscience, mais elle n'était pas de nature à effacer le souvenir de sa coupable supercherie.

C'est à la suite de la transformation d'Epsom en station thermale et en séjour de plaisance, que les réunions de courses commencèrent à prendre de l'éclat.

Il est intéressant de rappeler à ce sujet leur
origine en Angleterre. Elles avaient lieu tous les
lundis en été, sans apparat, et dépouillées de tous
les apprêts solennels qui les entourent aujourd'hui.
On n'y voyait aucune assistance de police, pas
de tribune; on mesurait rigoureusement la taille de
chaque cheval, le poids était réglé par onces, et une
modeste clochette d'argent était la récompense du
vainqueur. Les assistants retournaient chez eux à
l'heure du dîner et faisaient quelques paris insigni-
fiants pour la réunion suivante.

La première course remonte, en Angleterre, à
1604. Un groom de Jacques Ier, nommé John Lep-
ton, entreprit de faire cinq fois le trajet entre Londres et York; il accomplit cette tâche en cinq jours.

Bien que la présente année soit la date du quatre-
vingt-cinquième Derby seulement, l'origine des
courses à Epsom remonte à plus de deux cents ans.
En mai 1648, une troupe de royalistes se rendit, sous
prétexte de courir, avec six cents chevaux, sur les
bruyères d'Epsom. Le but réel de cette réunion était
une conspiration pour la restauration du jeune

1.

prétendant Charles Stuart. Les parlementaires con-
çurent quelque inquiétude d'une assemblée aussi
nombreuse, et l'on envoya le major Audeley, à la
tête de trois corps de cavalerie, pour la disperser.
Le major crut prudent de ne prendre aucune initiative. Les royalistes se retirèrent jusqu'à Hington,
où il y eut un engagement dans lequel ils eurent le
dessous.

C'est sous le règne de Henri VIII que l'on commença à s'occuper sérieusement de l'élevage des
chevaux en Angleterre.

Parmi les règlements qui furent promulgués
à cette époque, l'un d'eux défendait d'employer
à la reproduction toute jument d'une taille infé-
rieure à 14 palmes. Les magistrats chargés de
veiller à l'exécution de cette ordonnance reçurent
l'ordre de parcourir les pâturages à la Saint-Michel
et de faire tuer tous les étalons au-dessous de la
taille indiquée, ainsi que les poulinières jugées im-
propres à cette destination. Ces mesures extrêmes,
parfaitement en rapport, du reste, avec le caractère
arbitraire et violent du souverain, peu temporisa-

teur, dont elles émanaient, furent confirmées par plusieurs actes de même nature, mais d'un effet immédiat, il faut en convenir. Chacun, suivant sa position, fut contraint à l'entretien d'un certain nombre de chevaux. Un duc devait posséder au moins sept poulains de trois ans d'une taille de 14 palmes, et dressés à l'usage de la selle. Tout particulier propriétaire d'un parc ou enclos d'une étendue suffisante était tenu d'y mettre deux juments poulinières. Tout commerçant faisant un bénéfice de 1,000 livres par an, les bourgeois dont les femmes portaient un bonnet de velours français, devaient avoir au moins un cheval, sous peine d'une amende de 100 livres. Cette singulière idée de rendre la coquetterie des femmes tributaire de l'amélioration chevaline est assez originale. Le Parlement crut devoir intervenir pour régler l'importante question de la nourriture; l'avoine ne fut pas jugée suffisante, et l'on prescrivit l'usage des pois et des gâteaux de farine. Cette impérieuse manière de procéder n'obtint cependant qu'un résultat très-incomplet; car, après la mort de

Henri VIII, quand la reine Élisabeth, craignant une invasion, voulut faire des armements considérables, ce fut avec beaucoup de peine qu'elle parvint à monter 5,000 cavaliers.

La première organisation des courses fut d'abord en rapport avec les habitudes un peu primitives de l'époque. C'était une espèce de *drag*. On traînait à travers champs un quartier de venaison ; les chiens étaient découplés, les coureurs les suivaient ; l'endroit où l'appât était arrêté servait de poteau d'arrivée. Dans la chasse de l'oie sauvage, on prenait un clocher pour but ; chacun suivait la ligne qui lui convenait à travers champs : c'est l'origine du *steeple-chase* moderne.

Les événements de la guerre civile arrêtèrent les progrès du turf ; il ne fut plus suivi que par quelques amateurs passionnés, au nombre desquels on compte Place, le *stud-master* d'Olivier Cromwell. Le fameux cheval *White-Turck* lui appartenait.

La restauration des Stuarts fut le signal du retour de ces goûts aristocratiques : on rétablit les courses

de New-Market, fondées sous le règne de Jacques Ier.
Le roi substitua aux clochettes *désintéressées* d'autrefois des coupes d'une valeur d'au moins 100 livres,
et patronna de nouvelles réunions qui eurent lieu à
Croydon et à Enfield. On retrouve souvent dans la
généalogie des chevaux de cette époque une jument
du nom de *Coffin-Mare;* elle avait appartenu au
Protecteur, et, au retour des royalistes, pour la soustraire aux représailles exercées sur les biens de sa
succession, elle fut cachée sous les voûtes sépulcrales d'une église; cette claustration devint l'origine de son nom.

Les progrès du turf éprouvèrent un temps d'arrêt
pendant les premières années de l'avénement de la
maison de Hanovre. La gravité des circonstances
devait détourner les esprits d'un ordre d'idées compatibles seulement avec les temps prospères et tranquilles. Mais vers la fin du règne du roi George, les
passions politiques se calmèrent, et l'on revint peu
à peu à des habitudes qui avaient pris de trop fortes
racines en Angleterre pour être complétement oubliées.

Le roi fonda des prix de 100 guinées. A partir de ce moment, le goût des courses devint national, et atteignit bientôt de telles proportions que l'opinion publique parut s'en inquiéter. Le Parlement se crut obligé d'intervenir pour apporter une digue à l'envahissement d'une passion qui détournait la population des occupations plus sérieuses.

On rendit une ordonnance défendant à tout propriétaire de faire courir plus d'un cheval dans la course de 50 livres; l'âge fut fixé à cinq ans et le poids à dix stones. Une amende de 200 livres punissait toute infraction à ce règlement.

C'est à cette époque que remonte l'existence de deux chevaux célèbres, dont la réputation, traversant les siècles, nous est arrivée dans tout son éclat. Leur influence sur la race anglaise fut prépondérante, et leur présence dans la généalogie d'un cheval est encore appréciée aujourd'hui. Tous deux portaient le nom de leur propriétaire, M. Darley et lord Godolphin. Le dernier est plus connu que son devancier, surtout en France, grâce aux péripéties diverses de sa carrière accidentée et aux soudains revirements d'une fortune contraire, dont les phases ont été pour l'un de nos plus ingénieux romanciers le sujet d'une charmante nouvelle. *Fling-Childers*, descendant de *Darley-Arabian*, consacra la réputation de ce reproducteur en accomplissant un exploit unique dans les annales du turf, et cité encore de nos jours comme l'exemple de la vitesse la plus extraordinaire connue. A six ans, et portant 9 st. 2 livres, il courut contre *Almanzor* et *Brown-Betly*, et parcourut la distance à raison de 80 pieds et demi par seconde ou d'un mille à la minute.

Une plus haute illustration était réservée à la production de *Darley-Arabian*, il devait compter dans sa descendance la plus grande célébrité chevaline connue jusqu'à nos jours.

Du sang de *Darley-Arabian* et de *Godolphin*, réuni à la seconde génération par *Marsk* et *Spiletta*, naquit *Eclipse*. Son histoire est trop connue pour nous étendre beaucoup sur son compte : tous les écrivains du turf ont tour à tour chanté sa gloire impérissable [1]. Il nous suffira de rappeler qu'il ne fut jamais battu ; ses flancs restèrent toujours vierges du stigmate de l'éperon ; il ne connut pas l'impérieuse sollicitation de la cravache ; sa longue carrière s'écoula sans qu'il eût donné le moindre signe de fatigue.

Eclipse ne ressemblait pas à son grand-père, *Darley-Arabian*. Ce dernier était petit, compact et court de reins ; son illustre descendant, au contraire, était grand, long, couvrait un espace considérable dans sa foulée de galop. Il naquit pendant la grande éclipse de 1764, chez le duc de Cumberland, et dut son nom à cette circonstance. A la mort de son propriétaire, il fut acheté 70 guinées, en vente publique, par M. Wildermam, qui céda la moitié de son acquisition au colonel O'Kelly pour la somme de 467 guinées ; ce dernier, prévoyant la grande valeur du cheval, ne tarda pas à en devenir l'unique possesseur au prix de 1,100 guinées.

Eclipse courut pour la première fois à Epsom, à l'âge de cinq ans, le 3 mai 1769. Nous ne suivrons

1. Tous les incidents qui ont marqué la carrière de ce cheval célèbre ont été réunis par M. Eugène Chapus, et publiés dans un volume intitulé *les Haltes de chasse.*

pas les phases brillantes de sa grandeur sans décadence : elles sont connues de tout le monde. Son maître ne voulut jamais se séparer de lui, et quand il quitta Epsom pour Whitchurch, dans le comté de Hertford, O'Kelly fit construire une voiture pour le transporter, ses pieds, devenus sensibles, ne pouvaient plus supporter la marche. C'est là que mourut *Eclipse*, au mois de février 1789, à l'âge de vingt-six ans.

Onze ans après la première victoire d'*Eclipse*, le comte de Derby, grand-père du chef actuel du parti conservateur, institua à Epsom la course qui porte son nom, et qui est réservée aux poulains de trois ans.

Le prix des Oaks, dénomination empruntée au nom de la propriété du comte de Derby à Epsom, et également fondé par sa seigneurie, fut couru pour la première fois l'année suivante, et gagné par *Budget*, jument appartenant au fondateur, qui fut moins heureux pour le Derby, car il éprouva sept échecs successifs. Ce prix, on le sait, est spécial pour les pouliches de trois ans. C'est celui qui se court à Chantilly sous le nom de *prix de Diane*.

Sir Charles Bunburg gagna le premier Derby à Epsom, M. O'Kelly le second, lord Egremont le troisième, M. Parker le quatrième, M. O'Kelly le cinquième, lord Claremont le sixième, sir Parton le septième.

La mauvaise chance qu'avait eue jusque-là lord Derby, finit cependant par se lasser, et la huitième année, il remporta ce prix avec *Sir Peter-Zeagle*, monté par Sam Arnolt. On compte, dans la descendance de ce cheval, quatre vainqueurs du Derby, autant du Saint-Léger et deux des *Oaks*.

En 1788, cette victoire si disputée échut au prince de Galles, et, l'année suivante, ce fut un cheval, frère de *Sir Peter-Zeagle*, nommé *Skyveraper*, qui l'obtint; il appartenait au duc de Bedford; en 1792, *John-Bull* fut le vainqueur; il était monté par le célèbre jockey Buckle, qui gagna cinq fois le Derby et neuf fois les Oaks. *Eléonore*, appartenant à sir George Bunburg, lui succéda en 1801, et donna lieu à un singulier événement. Son entraîneur éprouva, aux approches de la course, une si grande émotion qu'il tomba malade assez gravement pour qu'on se crût obligé de faire venir le pasteur. Ce dernier l'exhorta à décharger sa conscience, mais ne put en tirer autre chose, si ce n'est : *Qu'Eléonore était une drôle de bête, et que cela le tourmentait.*

Les principaux vainqueurs des Derby suivants furent *Ditto,* à sir Williamson. En 1806 eut lieu la plus brillante lutte à laquelle cette course ait encore donné lieu. Les deux favoris, *Paris* et *Srafulg,* étaient encore tête à tête, à 20 mètres de la tribune du juge; *Paris* gagna cependant. En 1817, ce fut *Azor,* au célèbre Crockford.

A partir de ce moment, le goût des courses se généralisa de plus en plus. En Angleterre, l'habitude de parier s'étendit à toutes les classes de la société; les chances d'un favori devinrent une valeur publique, se négociant dans des agences spéciales. La profession de parieur s'établit, et le Derby fut une affaire nationale, dont le résultat était attendu avec plus d'intérêt que celui d'une discussion importante aux chambres.

C'est un curieux spectacle que celui du jour du Derby en Angleterre, et l'étranger, peu au fait de l'importance de cette solennité, pourrait croire tout le pays dans l'attente d'un sérieux événement. L'agitation est générale et s'étend à toutes les classes de la société ; le nom des favoris vole de bouche en bouche ; la variation de leur cote est le sujet de grandes discussions ; tout le monde y prend part, depuis le grand seigneur, dont la fortune doit être augmentée ou diminuée d'un million après la course, jusqu'au commis marchand, qui a risqué sur le favori de son choix une livre économisée schelling à schelling. Le champ de courses ressemble à une promenade publique un jour de carnaval. Les costumes les plus disparates s'y croisent en tous sens ; des personnages de tout rang s'abordent ou se coudoient ; aucune distinction sociale n'existe plus : tous les Anglais sont égaux devant le Derby et le pari. Cette foule bigarrée s'agite, parle, gesticule en tous sens. Le professionnel *book-maker* annonce d'une voix nasillarde et provocante les *proportions* qu'il offre au public sur chacun des concurrents ; le modeste parieur accepte timidement celle qui lui convient ; les crayons crient sur le papier métallique, et un cœur de plus bat violemment dans l'attente du grand événement.

Pendant ce temps, on procède dans l'enceinte au pesage des jockeys; un cercle curieux attend impatiemment autour de chaque favori, le moment où il sera dépouillé de ses couvertures. Ils entrent enfin sur l'arène, calmes et tranquilles comme des gladiateurs antiques; précautionneusement tenus en main par leurs entraîneurs, ils promènent sur l'assemblée des regards étonnés et confiants. Leurs muscles, débarrassés de tout embonpoint superflu, laissent admirer leur forme dans sa magnifique pureté; leur fine crinière retombe en nattes soyeuses sur l'encolure sèche et nerveuse, et le miroir éclatant de leur robe satinée étincelle aux rayons du soleil. Bientôt ils sont libres, prennent un galop d'essai et se rendent au poteau du départ.

Un silence de mort règne dans cette foule immense, dont la vie tout entière semble suspendue au drapeau du *starter*. Il s'abaisse! Mais non, c'est un faux départ, les lutteurs impatients retournent se remettre en ligne et attendre un nouveau signal. Quelques minutes, d'une interminable durée, s'écoulent encore. Enfin ils sont partis, la terre résonne sous le branle précipité du galop de trente valeureux champions. Ils passent rapides, tellement serrés que l'œil ne distingue plus qu'un nuage étincelant de couleurs éclatantes. Mais déjà ils ont franchi la moitié de la distance, bien des espérances se sont évanouies, plus d'un spectateur essuie d'une main tremblante son front inondé de sueur. Le groupe, tout à l'heure si compact, s'est peu à peu éclairci ; les faibles et les malheureux s'échelonnent loin des premiers rangs. Cinq ou six chevaux à peine galopent encore côte à côte. Les poitrines sont haletantes, les yeux fiévreux dévorent du regard la casaque des jockeys, courbés sur l'encolure, les mains collées au garrot de leurs chevaux, qui, la tête allongée, les naseaux ouverts, rasent le sol avec une merveilleuse vitesse. Ils arrivent : une immense clameur, semblable à celle poussée jadis par les Grecs aux jeux olympiques s'élève dans les airs. Hurrah ! le favori est battu. Non ! c'est un *Dead-Heat ;* bientôt ils touchent le

but, une lutte suprême s'engage, les flancs saignent
sous la molette aiguë de l'éperon; on entend le
sifflement strident de la cravache, tout est fini!

Le juge a prononcé le nom du vainqueur.

Cette foule, tout à l'heure muette et silencieuse,
s'élance sur la piste dans un transport insensé; tous
se précipitent pour voir de plus près le héros de
la journée, celui dont le nom, grâce aux fils télé-
graphiques, sera dans une heure répété par toutes
les bouches vivantes des Royaumes-Unis.

Il revient au pas, le vaillant rejeton de tant glorieux ancêtres, une légère moiteur ternit à peine le
reflet de son poil doré, un battement imperceptible
interrompt seul le cours de sa puissante respiration.
Il est dans une si magnifique condition. Son entraîneur reprend à sa tête une place qu'il ne céderait
pas pour la couronne d'Angleterre; il agite son chapeau, mille acclamations lui répondent. Quelle
épaule, quelle longueur de hanches! Ce cheval a
toutes les qualités, il dépassera la gloire de ses plus
illustres devanciers, l'orgeuil et la joie brillent sur
la figure du jockey qui a eu l'honneur de le monter,

il est calme et digne cependant, le *cant* avant tout.

Bientôt ce triomphateur va rentrer dans le box solitaire où il a si souvent trouvé le repos après les rudes épreuves de l'entraînement, où hier encore une main inquiète interrogeait l'état de ses jambes, après un dernier galop. Son groom procédera soigneusement à tous les détails de sa minutieuse toilette, il va lui servir respectueusement la mâche rafraîchissante destinée à combattre les effets de l'excitation de la journée. Il peut, à son gré, se montrer guincheur et indocile, refuser de donner ses pieds, ruer chaque fois que la bouchon de foin s'abattra sur son poil fin et luisant; quel est le garçon d'écurie assez hardi pour brutaliser le vainqueur du Derby, le jour de sa victoire? Tout n'est pas fini cependant. Le Saint-Léger se dresse menaçant dans l'avenir, et pour les chevaux comme pour les hommes, la roche Tarpéienne est près du Capitole.

Epsom, pour un turfiste, nous l'avons dit, est un lieu de pèlerinage obligé.

On n'est pas turfiste tant qu'on n'a pas vu Epsom. C'est là seulement qu'il peut compléter son initiation pratique. Pour le touriste ordinaire, c'est également une réunion fort intéressante. Toutes les catégories du monde anglais y sont représentées, depuis le *penny-boy,* le bourgeois, le boutiquier, jusqu'aux sommités de l'aristocratie et des gens de la grande existence. Les originalités et les élégances y abondent. Tout ce que l'Angleterre renferme de noms, de beautés rares, de talents, de fortunes, de célébrités se retrouve sur cette scène aux gigantesques proportions. Assister aux courses d'Epsom en compagnie d'un cicérone quelque peu au fait des individualités de la haute société anglaise, c'est se trouver au milieu d'une galerie de portraits, et se procurer dans leur ensemble et leurs moindres détails les livrets et les légendes de ces personnages.

Les amateurs sont admis à Epsom moyennant un shilling dans l'enceinte où se tiennent les chevaux avant le départ. Cet endroit s'appelle le *warren;* il est enclos de murs, et offre un coup d'œil très-pittoresque au moment où l'on selle les chevaux que les jockeys vont monter. Les étrangers ne devraient pas manquer l'occasion qui leur est ainsi facilement donnée de voir de près et dans toute leur perfection, non-seulement les magnifiques pur-sang, mais les jockeys célèbres venant de New-Market. Les hommes intéressés dans les paris, avant de se rendre au *ring* (rendez-vous spécial des parieurs, espèce de bourse ou de parquet circulaire en plein air installé sur le champ de course), viennent raffermir leurs espérances à l'aide d'un attentif et dernier coup d'œil donné à leurs bêtes favorites, et souvent, à la suite de cet examen, ils modifient leurs calculs.

Il y a plusieurs pistes à Epsom. La vieille, c'est-à-dire celle qui date à peu près de la fondation de ses courses, et qui n'est presque jamais utilisée aujourd'hui, a deux milles environ de longueur. Sa forme est circulaire. La première moitié va en montant, l'autre parcourt un terrain plane.

La piste du *Derby* est d'un mille et demi; sa configuration est celle du fer à cheval; les trois quarts du premier mille peuvent être considérés comme étant en ligne droite, car leur courbure est peu marquée et la piste est extrêmement large; au dernier quart, la courbe est plus sensible; le demi-mille qui suit et qui termine est une ligne droite. Le premier tiers de cette piste est sur un terrain montant, le second tiers sur un terrain plan, le dernier tiers est accidenté : elle descend d'abord , puis redevient légèrement montueuse, c'est-à-dire à sa fin, pendant l'espace environ d'une *distance*.

La nouvelle piste du Derby date de 1848. Le départ des chevaux qui courent ce prix a lieu en regard des écuries de sir G. Heathcote ; cette piste se mêle à la vieille piste du Derby à l'endroit appelé le *mile-post*; sa première moitié parcourt également un terrain montant.

La nouvelle piste pour chevaux de deux ans a six furlongs de longueur (le furlong est la huitième partie d'un mille), et se mêle avec la vieille piste un peu au delà, et au tournant connu sous le nom de *Walton-Turn*.

La vieille piste pour chevaux de deux ans avait la même étendue. Elle existe encore.

La piste appelée Métropolitaine est d'un mille et quart de long. Les chevaux engagés pour ce prix partent du *Winning-chair* ou poteau gagnant, et courent en sens inverse de la piste du Derby jusqu'au niveau de la route; ils la tournent à droite, font le tour de la montée et rentrent dans la piste du Derby à environ un mille de l'arrivée.

La piste de *Craven* est d'un mille et un quart de long.

La piste *half-mile course* est en ligne droite, comme celle de Chantilly, partant de la grande route pour finir aux tribunes. -

Epsom est à **22** kilomètres de Londres.

Il y a deux manières de se rendre à Epsom:

Par le chemin de fer et par l'ancienne route.

Selon le quartier qu'on habite à Londres, on peut prendre les stations ci-après du chemin de fer:

London-Bridge,

Charing-Cross,

Victoria,

Westminster-Bridge.

Si c'est en voiture qu'on veut se rendre à Epsom, il faut avoir le soin de s'assurer d'un moyen de transport longtemps à l'avance.

Les voitures prennent, soit par London-Bridge, soit

par Westminster-Bridge. Les deux routes se rejoignent à Kenington-Gate.

C'est là que les voitures aristocratiques du West-End et des grands quartiers se mêlent au tumulte des véhicules plébéiens de toute nature.

Quand on a pris par London-Bridge, on s'arrête, avant Kenington-Gate, à la taverne de *Elephant-and-Castle* (le Château de l'Eléphant), lieu célèbre de halte pour les chevaux, les cochers et les maîtres.

Le coup d'œil de cette taverne par un jour de Derby est quelque chose de curieux. Aucune description ne pourrait donner une idée de l'ébullition de son mouvement.

Après Kenington-Gate, on traverse les jolis villages de Clapham, de Sutton. Ses rues sont bordées de jolies maisons, dont toutes les fenêtres, les balcons et même les toitures sont remplis de monde, de femmes surtout, qui suivent avec intérêt le spectacle de ce défilé tumultueux et passionné [1].

1. Voir note A, p. 176.

L'année 1865 devait donner lieu à un fait sans précédents en Angleterre, et absolument significatif, relativement aux progrès de l'élevage français. Depuis quelques années déjà, les Anglais, frappés de l'excellente qualité de nos produits, leur avaient enlevé la décharge qu'ils leur accordaient, et que nous avions acceptée comme un aveu tacite d'infériorité. La fondation d'une écurie de courses à New-Market, par M. le comte de Lagrange, ne tarda pas à nous mettre sur un pied complet d'égalité avec nos voisins ; ce résultat ne devait pas tarder à être dépassé.

Pour la première fois, en 1864, une jument française, *Fille-de-l'Air*, gagna les Oaks et disputa au vainqueur du Derby, *Blair-Athol*, le rang du champion de l'année. Ce dernier vint lui-même perdre dans le Grand Prix de Paris une partie du prestige de sa victoire à Epsom.

L'année suivante, ces heureux pronostics recevaient une éclatante consécration. Après avoir gagné les 2,000 guinées, un cheval français partait pour la première fois, grand favori dans le Derby. Il était l'expression des progrès constants de notre production, et lui ouvrir une ère nouvelle de gloire et de prospérité. Malgré le désavantage d'un choc reçu presqu'au départ, des difficultés qu'il rencontra jusqu'au dernier moment pour sortir du peloton, il gagna très-facilement.

Cette victoire eut en France le retentissement d'un événement public. L'hôtel du Jockey-Club fut illuminé le soir, à la réception de la dépêche, et à son retour M. le comte de Lagrange, entrant à la Chambre des députés, y reçut une véritable ovation. Chacun prit sa part de ce glorieux succès; il était le résultat de plus de trente années de sacrifices, d'efforts et de persévérance.

Pendant quatre années de l'une des plus dures carrières qu'aucun cheval ait jamais accomplie, *Monarque* était tombé *broke-down* sur un champ de course anglais, portant le poids le plus lourd, d'un handicap qu'il était sur le point de gagner. Il appartenait à l'un de ses fils de continuer son œuvre, et *Gladiateur* aurait dû se nommer *le Vengeur*.

Nous devons rendre justice à l'accueil sympathique que reçut le vainqueur français ; il fut acclamé comme s'il était né en l'Angleterre. S. A. R. le Prince de Galles réunit dans un dîner M. le comte de Lagrange et toute l'arristocratie anglaise. Le prince portait une cravate aux couleurs du vainqueur, et il dit à l'heureux propriétaire, en la lui montrant : Ce sera un lien de plus entre la France et l'Angleterre.

Gladiateur est né au haras de Dangu, chez M. le comte de Lagrange, par *Monarque* et *Miss Gladiater*, par *Taffraïl* et *Gladiator*. Il a été entraîné par Tom Jennings, et monté par Henri Grimshaw.

CHANTILLY

Certaines localités ont le privilége de garder, malgré la marche du temps, l'empreinte indélébile du passé. Leur nom éveille toujours un ordre d'idées auquel, par une coïncidence inexplicable, correspond souvent l'aspect extérieur des lieux mêmes. L'esprit devient sérieux en face de la majesté de Versailles, la pensée s'absorbe dans une muette contemplation de ce gigantesque palais, dernière expression de la puissance souveraine parvenue au suprême degré de son apogée.

Sur un semblable théâtre, les fêtes les plus brillantes ont dû revêtir un caractère de symétrique majesté dont les murs semblent encore conserver le souvenir. Un sentiment de tristesse inexprimable vous saisit à la vue de cette longue avenue, par où la royauté a passé avec toutes ses grandeurs et plus tard toutes ses infortunes.

Une autre impression s'empare du visiteur à Chantilly, malgré de douloureux souvenirs; il éprouve, sans s'en rendre compte, un sentiment plus doux, et ressent l'influence d'une atmosphère de plaisirs bruyants et juvéniles. Ce contraste peut s'expliquer, sa raison d'être existe, car en remontant à l'époque la plus reculée de l'histoire de Chantilly, elle paraît contenue tout entière dans la relation des fêtes, où l'on voit tour à tour s'étaler les fastueuses élégances de toutes les générations. Chacun de ses nombreux propriétaires n'a, qu'un rêve, embellir encore cette résidence enchantée. On n'y trouve aucune de ces sombres légendes du passé dont le récit vient attrister les joies du présent. Le plaisir, **toujours, partout,** et sous toutes ses formes, telle semble être la devise de cette oasis fortunée.

Situé à neuf lieues au nord de Paris sur la route de Clermont en Beauvoisis, Chantilly fut la propriété des comtes de Senlis, jusqu'en 1360, où Guillaume, sixième du nom, le céda au sire d'Esquevie ; celui-ci, la même année, en fit présent à Jean de Laval, seigneur d'Attichy.

En 1383, Guillaume Bouteiller fit embellir le château de Chantilly, et bâtir une chapelle dans laquelle il fut enterré.

Le 28 mai 1386, Guy de Laval le vendit à Pierre d'Orgemont, pour une somme de huit mille livres tournois, avec la tour de Montmélian et le fief de Mentey-le-Neuf. A l'extinction de la descendance mâle de Pierre d'Orgemont, la terre de Chantilly passa par mariage dans la maison de Montmorency et y demeura jusqu'en 1632, époque où elle fût confisquée par Louis XIII, après la mort de Henri de Montmorency, décapité à Toulouse, pour avoir transgressé les ordonnances du cardinal de Richelieu sur le duel. Afin d'atténuer quelque peu cette rigoureuse mesure, le roi fit présent de ce domaine à Henri de

Bourbon, prince de Condé, héritier de Henri de
Montmorency, par son mariage avec Charlotte-
Marguerite de Montmorency.

C'est par cette transmission indirecte que Chantilly devint la propriété de la maison de Condé, à
laquelle son nom est aujourd'hui aussi inféodé
que celui de Louis XIV à Versailles. L'avénement
de ces nouveaux maîtres fut pour cette belle résidence l'inauguration d'une ère de splendeurs, dont
le reflet s'est perpétué jusqu'à nos jours. La réputation des fêtes de Chantilly remontait cependant à
une date beaucoup plus ancienne.

François de Montmorency avait brillamment reçu Charles IX, et Henri IV y avait souvent visité
Henri, duc de Montmorency. Toutes ces grandeurs du passé devaient être éclipsées par l'éclat
dont les princes de Condé se plurent à entourer
cette résidence privilégiée.

C'est principalement à Louis de Bourbon, sur-
nommé le Grand Condé, que l'on doit les principaux embellissements qui attirent encore aujour-
d'hui à Chantilly, malgré la disparition du château

principal, la visite et l'admiration de tous les
étrangers. Il fit tracer par Le Nôtre les jardins,
les routes de la forêt et les bois de Sylvie. La
tradition rapporte même qu'il planta lui-même les
arbres magnifiques qui ornaient la tête du canal.
Il transforma le château au point qu'il est peut-être
plus exact de lui en attribuer entièrement la construction.

En 1671, Louis XIV vint rendre visite au vainqueur de Rocroy; la charmante plume de madame
de Sévigné nous a conservé le récit de la réception
que fit à son royal cousin le maître de ces lieux en-
chantés :

« Le Roi, dit-elle, doit aller à Chantilly le 25 de
« ce mois (avril); il y sera un jour entier : jamais il
« ne s'est fait tant de dépenses au triomphe des
« Empereurs. »

On estime à 40,000 écus les frais de la première
journée; il y eut vingt-cinq tables servies à cinq
services. Cette fête, d'après Desormeaux, coûta
200,000 livres au prince de Condé. En se reportant
au taux de l'argent à cette époque, comparé à celui

qu'il représente aujourd'hui, on doit au moins tripler cette somme.

Toute la cour avait suivi le roi, et fut, pendant le temps de son séjour, défrayée aux dépens du prince. Les invités trouvaient partout des plaisirs nouveaux et variés ; Paris fut, dit-on, pendant trois jours, privé de musique et de spectacle à cause de ces fêtes. En face de toutes ces magnificences, Louis XIV ne put se défendre d'un mouvement d'envie : il pria le prince de lui céder Chantilly, en le laissant maître d'en fixer le prix. « Il est « à Votre Majesté pour celui qu'il lui conviendra « d'y mettre, répondit le propriétaire inquiet. Je « ne lui demande qu'une grâce en retour : c'est de « m'en faire le concierge. — Je vous comprends, « mon cousin, répliqua le Roi : Chantilly ne m'ap- « partiendra jamais. »

Le séjour de Louis XIV à Chantilly fut marqué par un événement tragique dont le récit, grâce aux poëtes du temps, a traversé les siècles et nous est arrivé dans tous ses détails : nous voulons parler de la mort de Vatel.

Vers la fin de sa vie, le grand Condé se fixa tout à fait à Chantilly. Ses pensées s'étaient tournées vers la religion, cette dernière passion des âmes d'élite. Il aimait et recherchait la société des beaux esprits de l'époque : Corneille, Bossuet, Racine, Boileau, Bourdaloue lui faisaient de fréquentes visites. Le prince, dans ces réunions littéraires, se faisait souvent remarquer par des aperçus d'une haute intelligence et d'un esprit élevé. Il mourut en 1686.

Son fils se distingua par la bravoure et l'esprit, qui semblent faire partie de l'apanage de cette illustre maison. Comme tous ses devanciers, il avait une prédilection particulière pour son domaine de Chantilly. Il était constamment préoccupé de la pensée de l'embellir, et y dépensa des sommes énormes.

Des améliorations successives avaient fait de Chantilly une résidence presque unique parmi les plus belles de France.

La forêt contenait 7,600 arpents. A l'entrée s'élevait une place ronde pour les haltes de chasse (aujourd'hui, carrefour de la Table du Roi). Douze routes, dont la plupart ont plus d'une lieue de longueur, aboutissent à cet immense carrefour.

A droite s'élevait un château construit à l'italienne, pour Mgr le duc d'Enghien.

Le grand château était entouré, ainsi que le nouveau, de beaux fossés remplis d'eau vive. Cette antique demeure était flanquée de tours communiquant l'une à l'autre par une galerie fort étroite et faisant le tour du château.

La cour, vaste et irrégulière, était entourée de bâtiments ornés de sculptures. Trois arcades, décorées de colonnes corinthiennes et d'un fronton brisé, menaient au grand escalier, au milieu duquel on voyait une statue du grand Condé.

Le petit château communiquait au grand par des ponts et des petits corridors étroits d'un aspect beaucoup plus simple à l'extérieur, mais beaucoup plus soigné à l'intérieur.

Outre ces deux habitations, il en existait encore une troisième nommée Buquam, et destinée à loger les gentilhommes du prince ; il formait un carré avec l'orangerie.

Les écuries, situées, ainsi que les réservoirs, sur la pelouse de Chantilly, sont immenses et d'une architecture magnifique. A chaque extrémité est un pavillon dont l'entablement est couronné d'une balustrade de pierre qui tourne autour du bâtiment. Ces pavillons ont trois arcades. Celles du milieu sont des portes, avec des amortissements qui soutiennent trois figures de chevaux. Dans l'enfoncement du cintre de l'arcade de la principale porte, sont trois chevaux de demi-bosse. Aux côtés de l'arcade on voit des groupes de lions, supportés par quatre pilastres ioniques. La corniche forme un fronton circulaire, sur le cintre duquel deux anges tiennent les armes de la maison de Condé. Le comble est surmonté d'une terrasse avec une renommée en plomb.

Par cette grande porte, on entre sous le dôme; et en face paraît une fontaine, dont l'eau est reçue dans une cuvette où sont des chevaux de plomb de grandeur naturelle : l'un semble boire et est accompagné d'un enfant qui embouche une conque marine; l'autre boit dans une coquille, que tient un autre enfant. En haut sont deux génies tenant un cartel sur lequel est l'inscription suivante :

« *Louis Henri de Bourbon, septième prince de Condé, a fait construire cette écurie et les bâtiments qui en dépendent, commencés en 1719 furent finis en 1735.* »

Ces splendides écuries peuvent contenir deux cent quarante chevaux. Les murs sont ornés de têtes de cerfs ; chaque extrémité forme une portion circulaire, fermée au-dessous de la voûte, où sont peintes deux chasses, l'une au loup, l'autre au sanglier.

Cinquante appartements de maître occupent l'étage supérieur.

C'est dans cette merveille architecturale, que le prince de Condé reçut le czar Paul Ier, après la fantastique chasse aux flambeaux qui fut offerte au comte du Nord, nom sous lequel voyageait le souverain moscovite. Le souper avait été dressé sous une tente parée d'emblèmes de circonstance ; des bois de cerfs soutenaient les rideaux et les draperies. Au dessert, le prince se leva et, s'adressant à son hôte :

— Où M. le comte croit-il être ? demanda-t-il au czar.

— Dans le château de Condé, le plus noblement hospitalier des princes, et dans son plus riche appartement, répondit celui-ci.

A un signal du maître, les rideaux s'écartent, les deux côtés du pavillon s'ouvrent, et le comte du Nord aperçoit trois cents chevaux, chacun dans sa stalle, il avait soupé dans les écuries du château.

Un superbe escalier conduisait de la terrasse du château dans ces jardins, chef-d'œuvre de Le Nôtre dont l'admirable talent avait su tirer un prodigieux parti des avantages naturels de cette heureuse situation. La rivière de Nonette y était enclavée, on s'en était servi pour la fontaine de la Gerbe et une vaste pièce d'eau, faisant symétrie avec les fossés du château. De la terrasse, on apercevait un bras du grand canal, et sur les côtés le parterre avec ses dix bassins. Ce tableau enchanteur est encadré d'un cercle d'arbres percé au milieu par une vaste allée conduisant à la forêt d'Halatte.

L'orangerie était à gauche, d'une belle architecture, au milieu d'un parterre dans lequel on voyait cinq bassins avec des jets d'eau jouant continuellement. Celui du milieu était orné d'une colonne antique de porphyre; de sa base s'échappait une nappe d'eau; cette colonne supportait un octaèdre, sur les pans duquel on voyait huit cadrans indiquant l'heure des principales villes du monde.

La salle de spectacle, construite par. Bellisard, offrait une particularité unique : le fond s'ouvrait, laissant voir en dehors une cascade ornée de la figure d'une nymphe, et, au moyen d'un tuyau disposé à volonté, huit nappes d'eau naturelle s'élevaient sur le théâtre.

Un petit canal, formé par la Nonette, sépare l'île d'Amour et celle du Bois-Vert; du parterre de l'orangerie, on arrivait par un pont de bois dans la première; la seconde renfermait une infinité de jeux : escarpolettes, jeux de bague, bascule à ressort, salle de danse, cabinets mystérieux, et à l'extrémité un superbe portique en treillage avec un bassin où étaient placées deux figures de dragons se combattant ; les jets sortant de leurs gueules se heurtent l'un contre l'autre.

On citait encore le temple de Vénus, la cascade de Beauvais, le pavillon romain ; mais la grande cascade effaçait toutes ces merveilles.

Au milieu d'un bassin circulaire s'élève un rocher, d'où sort une gerbe énorme, entourée d'un cordon de huit jets, dont les eaux fournissent quatre nappes, reproduisant elles-mêmes quinze autres jets ; quatre gradins d'un tapis de gazon toujours vert, fleuri et décoré de sept guéridons, d'où s'échappait une nappe claire et limpide, entouraient cet endroit féerique.

Un troisième bassin octogone contenant cinq jets d'eau terminait la partie principale de la cascade, au bas de laquelle aboutissaient six grandes allées conduisant à différents endroits du parc.

Deux beaux escaliers en fer se déroulaient avec grâce autour de ce merveilleux ouvrage ; les rampes étaient ornées de quatre superbes guéridons entremêlés d'autant de jets d'eau retombant en longues nappes dans un deuxième bassin où s'élevaient encore six jets, et enfin, un troisième bassin orné de trois jets. Les côtés rampants de ces nappes étaient en rocaille bordés de deux rangs de chandeliers interrompus par quatre paliers ornés chacun de jets d'eau. L'espace de ces nappes forme cinq magnifiques nappes tombant dans autant de bassins garnis de soleils et de jets. Toutes ces eaux se réunissaient en passant alternativement dans trois différentes pièces, dont une était partagée en six jets d'eau, une autre en quatre, et enfin un bassin produisant miroir.

Le grand canal avait trois quarts de lieue; à sa tête se trouvait une chute d'eau circulaire, dont l'étendue était de quinze pieds par le haut et s'élargissant par le bas ; on en comptait trente à la base.

Un auteur du temps rapporte qu'une bande de cygnes sauvages, attirés par la beauté de ces eaux merveilleuses, s'y établit et y demeura ; on parvint à en prendre plusieurs, et on leur coupa les ailes. Il en restait encore un couple, lorsqu'un chanoine de Senlis les entendit en passant exhaler des sons mélodieux ; frappé de cette étrange particularité, il en parla ; l'histoire fit du bruit, et, en 1783, un mémoire fut lu à ce sujet à l'Académie des sciences, et par exception à celle des inscriptions.

Le prince de Condé invita des académiciens à venir à Chantilly s'assurer de ce fait extraordinaire. Un cygne domestique fut sacrifié et mis avec les nomades pour provoquer une lutte ; suivant les anciens, on le sait, ces animaux ne chantent qu'après une lutte où ils ont été victorieux. Ce que l'on avait prévu arriva, l'oiseau civilisé succomba et ses deux ennemis entonnèrent aussitôt, en effet, un chant de triomphe du plus harmonieux effet.

En 1780, le prince de Condé se promenait avec son architecte dans une vaste prairie arrosée par la rivière de Nonette ; le prince donna quelques indications à l'artiste, et trois mois après le jardin anglais et le hameau étaient achevés.

Tel était Chantilly en 1787.

Toutes ces merveilles, conçues avec tant d'amour, exécutées à grands frais, ne devaient pas subsister longtemps ; la hache révolutionnaire s'abattit sur ce palais enchanté ; là comme partout, elle ne laissa derrière elle que ruine et deuil.

Le petit château et les écuries échappèrent, on ne sait comment, au vandalisme des destructeurs ; ils semblent, muets témoins de cette grandeur tombée, rester debout, pour dire aux siècles futurs l'histoire des splendeurs du passé.

Les tempêtes ne sont pas éternelles ; après s'être courbé sous l'ouragan de la Terreur, Chantilly dormit d'un sommeil tranquille pendant l'époque glorieuse de l'Empire.

La Restauration ne put lui rendre qu'un reflet de son ancien lustre. M. le duc de Bourbon revenait au berceau de sa jeunesse. Il était parti jeune, entouré du prestige de la fortune et du bonheur ; on le revoyait vieux, brisé par toutes les souffrances de l'exil, et portant au cœur les traces ineffaçables d'une incurable douleur. Une poignante amertume dut l'assaillir à l'aspect de ces lieux, pleins pour lui de si chers souvenirs ; on avait redouté cette émotion, et de respectueuses affections cherchaient à l'y préparer. « A-t-on respecté les écuries,

« demanda vivement le prince.—Oui, monseigneur.

« — Alors vous pouvez tout m'apprendre. »

Cette parole résumait la vie que M. le duc de Bourbon devait mener à Chantilly. Dès son arrivée, il réorganisa ses équipages de manière à pouvoir chasser à peu près tous les jours. Fidèle aux traditions de sa famille, aucune infortune ne s'adressait en vain à son inépuisable bonté, et les veillards du pays purent se croire revenus aux anciens jours. Le prince avait une cour et des gentilshommes à lui, un personnel nombreux.

La révolution de Juillet le surprit au milieu de cette paisible existence. M. le duc de Bourbon ne se sentit pas la force de reprendre une seconde fois le chemin de l'exil. Qu'avait-il à craindre d'ailleurs, aimé et respecté de tout ce qui l'entourait? Il resta, se confinant plus étroitement encore dans sa chère retraite; il chassait, toujours et quand même; sa vie se passait à cheval, ses trois équipages couraient alternativement le cerf, le sanglier et le chevreuil.

La chasse à courre a toujours été le refuge des grandes âmes blessées ou trop agitées; elles ou-

blient, dans cette solitude animée et mouvementée,
l'amertume du passé et le vide du présent; cette
passion était d'ailleurs héréditaire dans la maison de
Condé, elle est l'image de la guerre, mais nul ne la
porta aussi loin que le duc de Bourbon. Le prince ne
fuyait pas seulement ses souvenirs; entouré d'intri-
gues sordides, il échappait par la chasse à des obses-
sions continuelles et fatigantes. La chasse était sa vie,
il n'existait que par elle, il ne respirait à l'aise que
sous les futaies de la forêt. Il quitta les futaies un
jour cependant, et ce fut pour ne plus les revoir.
Nous n'attristerons pas ces pages par l'évocation
des ténébreuses circonstances de la mort du dernier
des Condé. En lui s'éteignit une race de héros dont
le nom est à lui seul presque l'histoire d'un pays.
La gloire de cette maison est l'égale de toutes les
gloires; ses malheurs la dépassèrent, comme si Dieu
voulait montrer aux hommes que de toutes les cou-
ronnes la plus impérissable est celle des martyrs.

Après cette catastrophe, Chantilly suivit le sort de
la France et passa à la famille d'Orléans. M. le duc
d'Aumale, l'un des plus jeunes fils du nouveau roi,

était l'héritier testamentaire de M. le prince de Condé.

Les circonstances qui accompagnèrent la mort du dernier des Condé eurent en France un triste retentissement; elles produisirent à Chantilly une sombre stupeur. Le pays s'était identifié avec toutes ces grandeurs princières, et perdait avec le prince la source d'une constante prospérité. Les équipages furent vendus et mal vendus : le temps n'était pas propice à ces plaisirs de grand seigneur. L'aristocratie, inquiète et mécontente, s'était retirée dans ses terres, attendant les événements. La bourgeoisie, peu familiarisée encore avec les prérogatives de son récent avénement, affectait d'ailleurs un profond dédain pour ces habitudes de l'ancien régime. La chasse à tir était plus en rapport avec les goûts et les habitudes de ces élégants de fraîche date ; elle est le tiers-état de la vénerie, comme le braconnage en est la république.

Ces magnifiques chiens, réunis à grands frais, entretenus avec tant de soins, furent vendus à vil prix. Aucun spectacle ne produit une plus doulou-

reuse impression qu'une vente à l'encan, après la
disparition d'une grande existence; toutes ces
épaves, disséminées une à une dans des mains pour
la plupart indignes de les posséder, inspirent un
sentiment de commisération dont on ne peut se
défendre. Les gens de la vénerie de M. le prince de
Condé racontèrent pendant longtemps, la rougeur
au front, qu'une grande partie des équipages était
devenue la propriété des bouchers des environs.
A quel usage inconnu ces marchands de chair morte
destinaient-ils tant de nobles animaux, nul ne le
sut jamais. Arrachés de leur royale demeure, ils
disparurent, empilés dans d'ignobles tombereaux
dont le roulement funèbre retentit longtemps dans
le cœur de tous les vieux serviteurs du château.

La position de la famille d'Orléans à Chantilly
était difficile à plus d'un titre; elle y arrivait sous de
tristes auspices. M. le duc d'Aumale, héritier de
M. le prince de Condé, était l'avant-dernier fils du
nouveau roi; son âge l'empêchait de prendre
aucune initiative. Que faire, d'ailleurs, à Chantilly,
si ce n'est de chasser et de donner des fêtes. Cela

n'était guère possible à un moment où la royauté, obligée de se vulgariser pour se faire accepter, abritait forcément la couronne de France à l'ombre d'un parapluie. La forêt redevint muette et silencieuse, et cette magnifique résidence sembla s'envelopper du sombre voile des veuves.

Les choses reprirent cependant peu à peu leur niveau normal; M. le duc d'Orléans commençait à entrer dans son rôle d'héritier présomptif. Autour de lui se groupait la jeunesse impatiente de plaisirs, plusieurs hommes de naissance, restés au service malgré le changement de gouvernement; quelques sommités de la banque et du haut commerce cherchaient à faire revivre les habitudes de luxe et d'élégance, momentanément disparues. On avait bien voulu abolir l'aristocratie, non pour la supprimer, mais pour la remplacer. L'anglomanie présentait pour cela de précieuses ressources. Le mot *gentleman* fut substitué à celui de gentilhomme, la consonnance plaisait aux oreilles bourgeoises, et l'indéfini de la signification rendait illimité le nombre des membres de cette nouvelle classification.

M. le duc d'Orléans était prince après tout, et du meilleur aloi, le sang parlait en lui, et l'on ne pouvait en bonne conscience lui demander de passer sa vie à auner de la soie, ou à faire des courtages à la Bourse pour complaire à MM. les boutiquiers de Paris. On l'avait déjà affublé en garde national, fait manger du cervelas à l'ail, au milieu du Champ-de-Mars, en plein midi. C'était assez.

Partout se manifestait une tendance marquée au retour de 'l'ancien ordre de choses. M. le duc d'Orléans devint à Paris le centre de cette renaissance du luxe et de l'élégance. Le prince se faisait déjà remarquer par le goût correct de ses chevaux et de ses voitures. Il avait mis à la tête de sa maison un ancien officier de grenadiers à cheval de la garde royale, possédant toutes les connaissances pratiques d'une saine tradition, M. le comte de Cambis; la tenue de ses écuries pouvait à cette époque et pourrait encore être citée comme modèle aujourd'hui.

L'on forma un petit équipage de chasse d'une soixantaine de chiens seulement; ils furent confiés à Firmin, à qui l'on donna un second piqueur, Lombard, deux valets de chiens à cheval et deux à pied. C'était modeste, comme on voit. Ces premiers essais furent timides; on chassa à la sourdine, presqu'à la muette; craignant que le bruit de la trompe ne vînt offusquer les susceptibles et parlementaires oreilles des électeurs parisiens ou provoquer quelque brutale agression des organes de la presse libérale, généralement peu polis à cette époque. Les uns et les autres ne devaient pas tarder à s'apprivoiser; les premiers commençaient à se croire de bonne foi de grands seigneurs, les seconds aspiraient à le devenir.

Chantilly sortait de sa léthargie : c'était un triste réveil; il devait cependant inaugurer une ère nouvelle de grandeur pour ce pays privilégié.

Sous l'Empire et la Restauration, les courses existaient un peu à l'état primitif; faute d'une réglementation fixe, d'une direction spéciale et régulière, elles marchaient à l'aventure sans but bien déterminé. La fondation, en 1833, du Jockey-Club français, ou pour mieux dire de la Société d'Encouragement pour l'amélioration des races de chevaux en France, fut pour cette institution la date d'une ère nouvelle, pendant laquelle elle arriva progressivement à l'importance qui lui est définitivement acquise aujourd'hui. Les noms des fondateurs de cette Société méritent d'être conservés dans la mémoire de tous les sportmen, et Chantilly surtout leur doit une éternelle reconnaissance, car c'est à leur initiative que la ville des Condé doit les éléments d'une prospérité au moins égale à celle qu'elle semblait avoir à jamais perdue.

La nouvelle Société eut pour fondateurs S. A. R. Mgr. le duc d'Orléans, S. A. R. Mgr le duc de Nemours, lord Henri Seymour, le comte de Cambis, le comte Max Caccia, M. Delamarre, le comte Demidoff, M. Fasquel, M. Ch. Laffitte, M. Ernest Le Roy, le chevalier de Machado, le prince de la Moskowa, M. de Normandie, M. Rieussec.— M. Bryon, un Anglais, faisait les fonctions de secrétaire.

L'origine des courses de Chantilly remonte à la même année que l'organisation du Jockey-Club. En 1833, le prince Labanoff, qui habitait les environs, obtint la permission de chasser dans la forêt et y envoya son équipage.

Les invités traversaient un jour, par une belle matinée, la magnifique pelouse de Chantilly pour aller au rendez-vous. Ils furent frappés de l'heureuse disposition des lieux, et, sentant les pieds de leurs chevaux rebondir doucement sur ce sol élastique, ils ne purent résister au désir d'organiser immédiatement une poule, qui fut gagnée par M. de Normandie, l'un des premiers gentlemen-riders que la France ait possédés; sa tenue correcte et anglaise a trouvé depuis de nombreux imitateurs; son mérite d'homme de cheval a rencontré moins de rivaux. Ce premier essai encouragea à en tenter un second, et au retour de la chasse on arrêta les conditions du programme d'une réunion pour le printemps prochain. M. le duc d'Orléans s'était fait le protecteur du goût naissant en France; il autorisa cette première tentative; elle eut un plein succès. Adopté par la mode, Chantilly devint bientôt un rendez-vous élégant et recherché. Le nouvel hippodrome reçut enfin une éclatante consécration. Le 24 juin 1835, le comité des membres fondateurs de la Société d'Encouragement vota la somme de 5,000 fr. pour la création du prix du Jockey-Club, devenu aujourd'hui la course la plus importante de France. En 1840, cette allocation fut portée à 7,000 fr. ; en 1847, à 10,000 fr. ; en 1854, 15,000 fr. ; en 1855, à 20,000 fr.

A partir de ce moment, le sort de Chantilly fut fixé. Chaque année, la mode augmentait le nombre de ses visiteurs; les courses ne pouvaient lui donner qu'un éclat brillant, mais passager. M. le duc d'Orléans, afin d'en augmenter encore le retentissement, tenait cour plénière pendant quatre jours à Chantilly. Tout ce que Paris comptait d'individualités riches et élégantes tenait à honneur de l'y suivre. On s'arrachait les appartements des hôtels, les maisons de la petite ville et des environs; tout, pendant ce séjour, acquérait un prix fantastique. Les rivalités sociales et politiques se continuaient tout comme si on n'avait pas quitté le faubourg Saint-Germain et la Chaussée-d'Antin. Chacun luttait de luxe et de folles dépenses. On envoyait d'avance, non-seulement ses chevaux et ses voitures, mais encore ses gens, son argenterie et presque ses meubles. Les fourgons de Chevet ne pouvaient suffire aux envois que la célèbre manufacture gastronomique faisait chaque jour pour subvenir aux besoins de cette villégiature générale; on faisait venir de Paris jusqu'à des glaces et des bouquets.

Les moins riches et les gens occupés étaient obligés de restreindre leur séjour à une seule journée, et l'on choisissait nécessairement la plus brillante de toutes, celle où se disputait le prix du Jockey-Club, devenue rapidement la course la plus importante de l'année; car la Société d'Encouragement avait fait de sensibles progrès pendant toute cette période. A sa naissance, elle avait rencontré, il faut bien le dire, plutôt un adversaire qu'un allié dans l'administration des haras. Cette dernière, en possession exclusive de la direction de la question chevaline depuis de longues années, avait vu avec inquiétude l'intervention d'un nouveau principe, clair, net et précis, attaquant de front les erreurs stationnaires où végétait depuis longtemps l'institution si fé-

conde des courses. Une sorte de lutte sinon ouverte, au moins de concurrence occulte, exista pendant plusieurs années. Mais il fallut bientôt compter
avec le nouveau-né. Sous son patronage, des réunions se créaient dans les principales villes de
France. Chantilly voyait chaque année de nouvelles
écuries d'entraînement venir se fonder autour de
son terrain, dont on avait apprécié tous les avantages. Le règlement de la Société, débarrassé de
toutes les entraves restrictives de celui de l'administration, était adopté presque partout. Les ressources s'augmentaient; on fut dans l'obligation,
ou de marcher avec la Société, ou de lui céder la
place.

Chantilly, dans cette phase d'une prospérité nouvelle, prit un caractère spécial et individuel. Comme
Epsom, il eut ses deux réunions de courses : l'une
au printemps, l'autre à l'automne. Comme en Angleterre également, celle du mois de mai avait seule le
privilége d'appeler la foule. Ce n'était pas le même
entraînement général et passionné. Chantilly était
avant tout un rendez-vous de plaisir et de luxueuse

élégance; on venait y rivaliser de toilettes et de dépenses.

Les privilégiés assez heureux pour pouvoir y
passer toute la semaine donnaient pour la plupart un
intérêt très-secondaire au résultat des courses. Mais
on tenait à y être remarqué, et surtout à suivre la
chasse à courre que l'équipage hospitalier des princes
offrait régulièrement chaque année aux visiteurs.
C'était pour beaucoup une précieuse et rare occasion de mettre une culotte de peau et des bottes à
revers; car, la plus grande partie de ces veneurs de
rencontre ne s'aventuraient pas d'ordinaire à suivre
réellement la chasse lorsqu'elle prenait un grand
parti, circonstance qui, du reste, se produisait rarement.

Ahuri par tout ce bruit et ce mouvement inac-
coutumé, trouvant le passage des routes obstrué
par une foule bruyante de voitures, de cavaliers
et de piétons, le cerf se faisait généralement battre
autour de l'enceinte d'attaque et venait comme
à point nommé se mettre à l'eau aux étangs de
Commelles où l'attendaient des rangs pressés de

spectateurs instruits de ce résultat presque obligé.
Aussi fallait-il toute la courtoisie des princes pour
ne pas renoncer à cette espèce d'obligation qu'ils
avaient contractée envers le public. Que de co-
lères contenues sur la figure du vieux Firmin, en
voyant les voies de l'animal perpétuellement traver-
sées par d'étranges cavaliers qui ne se doutaient
pas même des embarras dont ils étaient cause !
Que de sourds murmures, que de regards inquiets
chaque fois—et cela arrivait souvent—que ses chiens
risquaient d'être écrasés par ces veneurs impuis-
sants à maîtriser l'impatience de leur monture
d'occasion ! Il était calme cependant et se conten-
tait d'ordinaire de diriger vers l'importun un regard
dédaigneux, accompagné d'un haussement d'épaules
significatif, témoignant le peu de cas qu'il faisait de
l'ignorance cynégétique du Parisien. Lafeuille,
son second piqueur, et son successeur — car vers
les dernières années, l'âge de Firmin l'obligeait à
faire de ses fonctions presqu'un poste honorifique,—
était moins patient et manquait rarement d'envoyer
au malencontreux cavalier une rebuffade gogue-

narde, qui calmait d'ordinaire pour le restant de la journée l'ardeur intempestive de celui-ci.

C'est surtout après la révolution de 1848, lorsque Lafeuille eut pris la direction du petit équipage fondé par M. le comte d'Hédouville, que son humeur fantasque trouvait fréquemment l'occasion de s'exercer. Un jour, on avait vainement frappé aux brisées; tous les animaux avaient vuidé l'enceinte. Pour ne pas perdre la journée, on résolut d'attaquer à la billebaude. Un des spectateurs, sportman récemment improvisé par les capricieux hasards de la Bourse, eut la malheureuse idée de demander si cet endroit était encore éloigné. A cette insolite question, Lafeuille resta un moment comme pétrifié, et ne pouvant en croire ses oreilles. Son naturel goguenard reprenant enfin le dessus, il ôta gravement son chapeau, et répondit : « C'est à trois lieues d'ici, « monsieur, le chemin est magnifique, toujours « tout droit et tout pavé. »

Cette semaine de plaisirs bruyants et mouvementés appelait un nombre de visiteurs relativement peu considérable, assez grand toutefois pour donner à la

petite ville de Chantilly un aspect étrange et inaccou-
tumé. C'était pour les habitants une source de revenus, abondante et certaine. Pendant ces huit jours,
tous les objets de consommation prenaient, à Chantilly, une valeur fantastique; telle maison produisait
dans ce petit intervalle de temps, une somme égale
à deux années de location ordinaire.

Cette émigration parisienne se divisait en deux
classes parfaitement distinctes : les invités aux fêtes
officielles du château, et tout ce que Paris comptait
à cette époque d'hommes jeunes, élégants et de
bonne compagnie; quelques femmes du monde venaient s'y établir et transportaient momentanément
dans cette villégiature à la mode tout le charme des
salons les plus recherchés de Paris.

Mais à côté de cette saine partie du vrai monde
venait se joindre une cohue de spectateurs, dont le
nombre grossissait chaque année ; ces envahisseurs
appartenaient à cette catégorie sans nom dont l'argent
est la seule raison d'être : société sans foi, même en
elle-même, n'ayant ni passé ni avenir, dédaigneuse
des usages reçus, des traditions respectables, et se

livrant sans contrainte à tous les ébats dispendieux qu'ils prennent pour des plaisirs de grands seigneurs. Ils traînaient à leur suite une escorte de femmes, aux toilettes risquées, aux allures douteuses, attirées par l'éclat de l'or comme les alouettes par le rayonnement du miroir. Ces nouveaux venus élevèrent autel contre autel, ouvrirent des maisons ; on y buvait outrageusement, on y jouait un jeu d'enfer; des rivalités et des coteries s'établirent dans ce camp tapageur; on luttait de dépenses folles et d'excentricité bruyante. Ces fêtes prenaient peu à peu le caractère de véritables orgies, on descendait dans la rue pour y faire aux flambeaux de fantastiques promenades, finissant d'ordinaire par le siége en règle d'une maison rivale ; les pétards étaient l'artillerie employée pour cette petite guerre. Les marchands de Chantilly trouvaient leur compte à toutes ces folies carnavalesques et applaudissaient des deux mains; mais les bourgeois finirent par s'offusquer un peu d'être ainsi traités en pays conquis ; des rixes s'en suivirent, l'autorité s'en mêla. Les femmes du monde finirent par se dégoûter d'un

pareil contact, abandonnèrent la place et se bornè-
rent à venir seulement le dimanche matin assister
aux dernières courses; la coterie tumultueuse
régna sans partage pendant deux ou trois ans dans
la ville de Condé.

Cette fièvre se calma cependant, et Chantilly,
quoique privé du patronage de M. le duc d'Orléans,
enlevé par une mort prématurée, reprit peu à peu des
allures plus tranquilles. Quelques amateurs passionnés de ces saturnales essayèrent vainement de les faire
renaître, personne ne répondit à leurs provocations,
et leurs feux d'artifices s'éteignirent d'eux-mêmes.

Pendant le cours des dernières années, avant la
révolution de 1848, tout l'éclat des courses de Chantilly s'était donc peu à peu concentré sur le dimanche où devait se courir le prix du Jockey-Club. Pendant les jours qui précédaient cette solennité, on ne
voyait se fixer à Chantilly que les parties intéressées,
les propriétaires de chevaux, les parieurs, dont le
nombre s'était peu à peu et progressivement aug-
menté. Cette habitude d'intéresser au résultat de
la course d'autres personnes que les propriétaires

mêmes des chevaux qui couraient s'était d'abord
circonscrite dans un cercle très-étroit, et limitée à
peu près aux membres de la Société d'Encouragement, elle s'était peu à peu étendue sans cependant acquérir encore le développement qu'elle était
destinée à prendre quelques années plus tard.

Le séjour de Chantilly, pendant la saison des
courses du printemps, offrait donc un caractère paisible et intime, très-différent de l'aspect qu'il présentait à l'origine. Le jour du Derby seulement, la
petite ville reprenait en partie le mouvement et
l'agitation des anciens jours.

La route de Chantilly offrait dès le matin un
curieux spectacle; avant l'ouverture du chemin de
fer du Nord, on voyait arriver un à un des véhicules de toutes sortes, apportant une foule qui offrait
les plus étranges contrastes, d'élégantes voitures de
maîtres avec des chevaux frais envoyés dès la veille
à Ecouen ou à Champlâtreux; tous les remises de
Paris étaient mis à contribution; la poste avec ses
grelots retentissants, ses claquements de fouet
assourdissants, tout cela s'arrêtait à la porte des

différents hôtels de la ville, principalement à celui du Grand-Cerf, qui ne tardait pas à être tellement encombré, qu'il fallait bien tâcher d'aller ailleurs chercher à prix d'or un déjeuner hypothétique ; on s'arrachait les plats sur les fourneaux mêmes de la cuisine. Beaucoup, mieux avisés, avaient pris leurs précautions à Paris, et arrivaient plus tard dans la journée.

Le chemin de fer a passé son niveau égalitaire sur tous ces différents moyens de transport ; il est le même pour tous, incontestablement plus commode ; il a cependant enlevé à cette journée beaucoup de sa physionomie originale et caractéristique, la différence existe encore jusqu'à la gare, elle disparaît en wagon. Depuis quelques années seulement il dépose les voyageurs à Chantilly même ; jusque-là il s'arrêtait à Saint-Leu, il fallait s'empiler comme on pouvait dans des diligences empruntées pour la circonstance à toutes les entreprises des environs. C'était une véritable lutte ; pour y trouver une place, il fallait la conquérir. Cet inconvénient a disparu aujourd'hui.

Au milieu de tous ces revirements de la mode et
du caprice, Chantilly avait cependant pris, au point
de vue du turf, un caractère sérieux et une place
positive ; toutes les écuries d'entraînement s'y
étaient peu à peu fixées et avaient naturalisé une
population entière de jockeys, de grooms dont le
nombre, grossissant continuellement, égala presque
bientôt celui des habitants. Chantilly devint avant
tout la ville des courses, et acquit sous ce rapport
une célébrité égale, sinon pareille à celle qu'elle
devait à ses anciennes splendeurs; elle fut moins
majestueuse, mais peut-être plus grande.

La révolution de 1848 vint encore arrêter
momentanément l'essor de cette nouvelle prospérité ; l'hippodrome fut privé de son Derby,
comme la ville l'avait été autrefois de ses fêtes
royales et de ses chasses princières. Le gouvernement républicain voulut bien tolérer les courses,
mais il s'opposa énergiquement à ce qu'elles eussent
lieu à Chantilly; il est assez difficile de comprendre
les motifs de cette singulière distinction, mais enfin,
elle eut lieu, et le prix du Jockey-Club fut cette

année couru à Versailles. Les souvenirs dont cette dernière ville est pleine offusquent moins, à ce qu'il paraît, les susceptibilités républicaines. La course fut magnifique, car 1848 s'est trouvé une année exceptionnellement bonne, sous le rapport de la production chevaline. *Gambetti, Pied-de-Chêne, Sérénade, Euphrosine*, sont tous des chevaux ayant laissé sur le turf de longs et glorieux souvenirs. On n'apporta néanmoins qu'un très-médiocre intérêt au résultat de la lutte. Le turf, plus que toute autre institution, a besoin pour se développer de confiance et de tranquillité, par cela même qu'il lui faut, avant tout, de l'argent et beaucoup d'argent. Les paris avaient été annulés pour cause de force majeure—la République,—et *Gambetti* gagna un Derby patriotique, mais peu productif pour son propriétaire.

Cet état de choses ne dura, fort heureusement, qu'une année, et, dès 1849, Chantilly fut remis en possession de ses prérogatives. Cet heureux pays paraît comme le phénix destiné à renaître de ses cendres; en 1850, 51 et 52, il se ressentit, comme le reste de la France, de l'incertitude des événements et de l'inquiétude générale causée par cette situation; mais, à partir de cette époque, chaque année augmenta et sa renommée et son importance. Il est enfin arrivé aujourd'hui à l'apogée de la splendeur de sa nouvelle destination.

La chasse fut plus heureuse que le turf en 1848; elle ne fut pas interrompue. M. le comte d'Hédouville, une des plus grandes figures du sport en France, s'était depuis quelques années entièrement fixé à Chantilly, et dirigeait lui-même son écurie d'entraînement, peu nombreuse, il est vrai ; mais l'intelligence et le savoir suppléait au nombre, et le propriétaire obtenait, comparativement aux ressources de son *stud*, de remarquables succès. M. le comte d'Hédouville s'était créé à Chantilly une position exceptionnelle. L'originalité de son caractère, ses manières aisées et faciles de gentilhomme, lui avaient concilié l'estime et l'affection de tous les habitants, obéissant à cette attraction que les populations rurales éprouvent presque malgré elles pour l'aristocratie, tant est naturelle l'union de ces deux forces vitales d'un pays, habituées à manier, l'une le fer qui défend, l'autre celui qui nourrit le sol sacré de la partrie. Ils appelaient M. d'Hédouville tout uniment M. le comte. Il était, en quelque sorte, le seigneur suzerain honoraire du pays. M. d'Hédouville profita de ces bonnes dispositions, obtint des princes exilés la permission de chasser dans la forêt, réunit quelques actionnaires, monta un modeste équipage, dont la direction fut confiée à Lafeuille, ancien piqueur de M. le duc de Nemours, que la révolution de 1848 avait laissé sans emploi. La petite meute fit merveille; ses *laissez-courre* sont encore aujourd'hui cités, par les véritables veneurs, au nombre des plus attrayants qu'ait vus Chantilly.

Cela, au reste, doit se comprendre. Les amateurs assez passionnés pour chasser en de semblables circonstances ne le font ni par mode ni par imitation, ils y apportent le goût et les connaissances nécessaires pour réussir.

Avec des temps plus tranquilles, les courses, non-seulement revinrent à un état prospère, mais ne tardèrent pas à acquérir un développement rapide et

inespéré. Leur direction fut entièrement abandon-
née à la Société d'Encouragement, on ne tarda pas
à s'apercevoir de l'heureuse influence des saines
doctrines qu'elle préconise depuis sa fondation.

Le prix du Jockey-Club, sans devenir d'un intérêt
aussi général que le Derby anglais, prenait de plus
en plus chaque année l'importance d'une solennité ;
le cercle restreint des personnes que ce grand événement préoccupait longtemps à l'avance s'élargis-
sait peu à peu.

Un des plus puissants auxiliaires dans l'œuvre, en
France, de l'expansion du goût des courses, fut l'apparition, jusqu'alors inconnue chez nous, de parieurs
publics. L'initiative de cette innovation appartient à
M. Jones, négociant anglais établi à Paris. Un Français n'eût jamais osé, à cette époque, aborder une
spéculation si en dehors de l'exercice de sa profession. Le premier, M. Jones fit publier dans les journaux spéciaux, qu'il donnait une proportion indiquée
contre chacun des chevaux engagés dans la course. On
ne tarda pas à apprécier les avantages de cette large
manière de faire. Les imitateurs se produisirent

d'abord en très-petit nombre, puis les opérations devinrent plus importantes, et aujourd'hui, non-seulement nous avons un *beeting-room*, un salon des courses, tenant des séances régulières et suivies, mais encore, à chaque réunion de courses, on voit dans l'enceinte du pesage un *ring* animé, dont les adhérents s'augmentent chaque jour, et une *Agence générale des poules* qui fonctionne sur une très-grande échelle.

Chantilly trouva nécessairement un nouveau prestige et une source de prospérité dans le développement des courses en France.

La magnifique allée des Lions était l'endroit où se faisaient chaque matin les galops d'entraînement des poulains, objets de tant d'espérances et d'inquiétudes. Après avoir été la dernière grande résidence princière de France, Chantilly devenait la mère-patrie des courses. Sa renommée changeait sans s'amoindrir. L'on voyait tous les ans s'élever autour de sa pelouse de charmantes maisons, se construire de nouvelles écuries, tout un monde de sportmen, d'entraîneurs et de jockeys se naturaliser dans la ville des Condé, et donner à sa population cet aspect particulier et spécial qui lui est propre. Le prix du Jockey-Club fut bientôt assimilé au Derby anglais, et Chantilly devint la sœur cadette d'Epsom.

Le prix du Jockey-Club fut couru pour la première fois, et gagné les trois premières années par lord Henri Seymour, alors en possession sur le turf naissant d'une suprématie presque invincible.

Lord Henri Seymour avait, en effet, fait venir d'Angleterre un entraîneur, T. Carter, dont le savoir et l'incorruptible honnêteté jouissent encore aujourd'hui d'une grande et juste réputation. Il avait également à son service Th. Robinson, frère de Jones Robinson, jockey d'un grand renom en Angleterre. Un pareil concours devait lui donner un avantage immense dans un pays où l'on était, à cette époque, peu au fait des pratiques de l'entraînement et de leur importance. Son exemple ne tarda pas à être imité, et le monopole de lord Seymour cessa devant la chance plus égale que les mêmes moyens donnèrent à ses rivaux.

L'on doit cependant reconnaître l'heureuse influence que lord Seymour exerça sur les courses en France. Le premier, il fonda à proximité de Paris une écurie régulière d'entraînement, importa un étalon, *Royal-Oak*, père jusqu'à ces derniers jours de nos plus célèbres vainqueurs. C'est de chez lui que sont sortis Henri et Tom Jennings, qui tous deux avec des qualités différentes ont rendu notre entraînement l'égal de celui de nos voisins. Flahman, encore aujourd'hui un de nos meilleurs jockeys, malgré son âge, monta pour la première fois en France un cheval à lord Seymour, dans une course en partie liée au Champ-de-Mars, Robinson ; le premier jockey de l'écurie, s'étant cassé le bras en courant la première manche, on dut le faire remplacer et Flahman inaugura sa longue et glorieuse carrière avec un pantalon à larges carreaux, dont les *sportmen* de l'époque ont gardé longtemps le souvenir. Il gagna, le cheval se nommait *Bonbon*, fils d'*Etrennes;* il devint par la suite la propriété de M. le prince Marc de Beauvau et finit sa carrière en Italie.

Le premier vainqueur du Derby fut *Franck* par

Rainbow et *Verona,* par *Withworth,* entraîné par Th. Carter et monté par T. Robinson ; en 1837, *Lydia* par *Rainbow* et *Léopoldine;* elle était montée par Flahman. Après une très-brillante carrière de course, *Lydia* devint poulinière et ne répondit pas à tout ce qu'on devait attendre d'elle. *Governor* fut son meilleur produit ; quelques autres, comme *Ronconi, Laura* et *Lieutenant* eurent peu ou pas de succès. Cependant, *Lydia,* non-seulement fut une des meilleures juments de son époque, mais elle doit aussi occuper un rang distingué parmi ceux qui l'ont suivie. Il y a plusieurs années, un sportman questionnait Flahman, déjà d'un âge avancé, et lui demandait quel était, à son avis, le meilleur cheval qu'il eût monté pendant tout le cours de sa longue carrière. Le vieux jockey hésita longtemps avant de répondre à cette question, dont la solution n'était effectivement pas facile, puis tout à coup, sa figure s'illuminant d'un lointain souvenir, le nom de *Lydia* sortit de sa bouche.

En 1838, *Vendredi* par *Caïn* et *Naïd,* par *Whalebone,* appartenant également à lord Seymour, fut le troisième vainqueur du Derby français ; il était monté par Robinson et entraîné comme les deux précédents par Th. Carter.

La mère de *Vendredi, Naïd,* fut une des meilleures poulinières que nous ayons possédées en France ; elle produisit successivement *Nativa, Lantara, Dorade, Slane* et *Roméo,* tous vainqueurs célèbres et très-bons reproducteurs.

Cette victoire devait mettre fin à la série non interrompue des succès de lord Seymour. L'année suivante, le prix du Jockey-Club fut gagné par *Romulus,* fils de *Catland* et *Victoria,* né au haras de Meudon, et appartenant à M. le duc d'Orléans, dont l'écurie commença dès lors à rivaliser avec celle de lord Seymour. *Romulus* était monté par F. Edwards et entraîné par son frère G. Edwards.

Cependant l'on voyait peu à peu tous les ans de nouveaux noms figurer parmi les propriétaires de chevaux, et les courses commencèrent à ne plus rester le monopole de deux écuries seulement. En 1840, *Tontine* par *Tetotum* et *Odette,* appartenant à M. Eugène Aumont, montée par York et

entraînée par·T. Hurst, gagna le prix du Jockey-
Club. De graves contestations eurent lieu à propos
de cette course; lord Henri Seymour, dont le cheval
était arrivé second, prétendit qu'une substitution
avait eu lieu et que sous la désignation de *Tontine*,
M. Eugène Aumont avait fait courir une pouliche
anglaise du nom de *Heriodad*. Un procès eut lieu,
les tribunaux, peu au fait de semblables questions,
n'admirent pas la réclamation, mais les faits révélés
par l'enquête parurent à la Société d'Encouragement
d'une gravité suffisante pour faire disqualifier la
jument, qui produisit plusieurs poulains dont aucun
ne fut reconnu comme de pur sang.

Après deux années d'interruption, le nom de lord
Seymour reparaît pour la dernière fois sur la liste
des propriétaires du vainqueur de la course la plus
importante de France. Le prix du Jockey-Club fut
gagné en 1841 par *Poetess*, fille de *Royal-Oak* et
Ada. Elle était montée par W. Boyce et entraînée
par R. Boyce. Après cette victoire, *Poetess* disparut
du turf, fut employée comme *hack* et oubliée pendant bien des années. Elle devait cependant acquérir

à la célébrité des titres encore plus durables. Achetée par M. Aumont, elle devint poulinière et produisit successivement *Hervine* et *Monarque*, c'est-à-dire la meilleure jument et le meilleur cheval de course que nous ayons possédés. La première, après une longue et brillante carrière, débuta comme poulinière en donnant naissance à *Mon-Etoile*. Le second eut l'honneur d'être, par ses succès, l'occasion pour les Anglais de retirer aux chevaux français la dédaigneuse décharge qui leur avait été accordée, avec une superbe confiance que l'apparition et les succès du fils de *Poetess* commencèrent à ébranler. *Monarque* promet d'atteindre, comme reproducteur, une renommée égale à celle de sa cœur.

La victoire de *Poetess* fut le dernier éclat des couleurs de lord Seymour sur le turf français. Il vendit son écurie. T. Carter passa au service de M. de Rothschild ; il devint en même temps entraîneur public et propriétaire de chevaux.

Sur les débris de ce *stud*, le plus important de la première période du turf français, se fondèrent plusieurs nouvelles écuries, et entre autres celle de M. le prince Marc de Beauvau, qui devint acquéreur de quelques chevaux, et prit à son service Henri Jennings, aujourd'hui l'un de nos meilleurs entraîneurs, chef d'une école nouvelle, dont les résultats ont confirmé les principes.

En 1842, le gagnant du prix du Jockey-Club fut *Plower*, encore issu de *Royal-Oak* et de *Destiny*, par *Centaur*. Ce cheval, quelque temps avant la course, avait été acheté à M. Aumont pour la somme de 20,000 fr. par M. le comte de Perregaux. Il était monté par J. Ellam et entraîné par Tom Hurst.

L'année suivante, 1843, un *dead-heat* eut lieu entre *Renonce* par *Y. Emilius* et *Miss-Tandem*, à M. de Pontalba, et *Prospero* par *Royal-George* et *Princess-Edwis*, à M. Th. Carter. *Renonce* gagna l'épreuve définitive, mais ne se montra, par la suite, qu'un cheval très-médiocre. Il était monté par J. Ellam, qui se trouva ainsi avoir, deux années de suite, gagné le plus beau prix de la saison. R. Carter, frère du propriétaire de *Prospero*, était à la tête des écuries de M. de Pontalba.

Lanterne, fille d'*Hercule* et *Elvire*, montée par E. Hardy et entraînée par Henri Jennings, inaugura, en 1844, la casaque de M. le prince de Beauvau; elle fut quelque temps après battue à Gand dans le Derby continental par *Mustapha*, à M. le comte d'Hédouville, arrivé quatrième seulement dans le prix du Jockey-Club. *Lanterne* est mère de *Constance, Fontaine, Lustre, Eclaireur, Brûlot, Précurseur* et *Boutefeu*. Presque tous ont couru avec distinction.

M. Alexandre Aumont avait succédé à son frère avec plus de bonheur, et son écurie, sous la direction de Tom Hurst, dont la réputation était alors à son apogée, commençait à prendre la position prépondérante qu'elle a occupée pendant plusieurs années. En 1845, il gagna le prix du Jockey-Club avec *Fitz-Emilius* par *Emilius* et *Miss-Sophia*. Il était monté par G. Halt. *Fitz-Emilius* fut certainement un des meilleurs chevaux de son époque, et maintint pendant toute sa carrière une suprématie incontestable sur tous les produits de son âge, il se montra même supérieur à ceux des années suivantes. Vendu à l'administration des haras, il mourut il y a quelque temps d'une maladie épidémique, à laquelle un grand nombre d'étalons du Midi succombèrent.

Meudon, par *Alteruter* et *Margarita* par *Royal-Oak*, monté par Flahman, appartenant à M. de Rothschild et entraîné par Th. Carter, fut le gagnant en 1846. *Meudon* ne justifia pas les espérances que ce succès pouvait faire naître ; sa victoire avait été presque douteuse et n'était, dans tous les cas, due qu'à un écart fait par *Premier-Août* à quelques mètres de l'arrivée. On dut d'ailleurs renoncer promptement à l'entraîner, et il fut vendu comme *hack* à M. le vicomte Arthur de Lauriston, qui l'emmena en Russie, où le cheval mourut presqu'à son arrivée.

Morok, par *Beggarman* et *Vanda*, à M. A. Aumont, fut le vainqueur en 1847.

Les événements politiques de 1848 arrêtèrent momentanément l'essor rapide des courses. Chantilly se ressentit nécessairement de cette influence néfaste dont les conséquences devaient cependant contribuer à augmenter encore l'éclat et la splendeur de la nouvelle destination qui lui avait été donnée depuis 1830.

Par suite d'un scrupule ou d'une crainte dont les motifs furent toujours un problème pour les esprits les plus clairvoyants, le gouvernement républicain détendit les courses de Chantilly; mais, par une tolérance également inexpliquée, il les autorisa à Versailles. Ces luttes, dépouillées de leur prestige et de leur importance accoutumée, eurent un résultat d'autant plus fâcheux que l'année 1848 devait marquer comme l'une des meilleures de notre production chevaline. En dehors de *Gambetti*, le meilleur sans contredit, on comptait *Pied-de-Chêne* et *Sérénade*, deux rejetons du vieux *Royal-Oak*, *Euphrosine* et quelques autres produits du haras de Meudon, qui, en raison des événements, ou ne parurent pas sur le terrain, ou arrivèrent dans une condition incomplète, et ne purent, par conséquent, pas se montrer ce qu'ils étaient réellement. De plus, en raison de l'état de choses peu rassurant, les paris furent annulés, au grand détriment de M. Lupin, propriétaire du vainqueur, et ayant dans son cheval une grande et juste confiance. L'avenir devait lui donner une compensation légitime, car après avoir gagné en 1848 le prix du Jockey-Club, sur l'hippodrome de Versailles, il fut encore trois fois, presque consécutivement, l'heureux propriétaire du gagnant ; en 1850, avec *Saint-Germain*, en 1851, *Amalfi*, et 1853, *Jouvence.* Ces victoires successives furent seulement interrompues en 1849 par celles d'*Expérience*, à M. Th. Carter, et en 1852, par *Porthos*, à M. Aumont.

Gambetti était fils d'*Emilius* et de *Tarentella ;* sa carrière ne fut pas très-longue, mais il conserva toutefois pendant toute sa durée la supériorité qu'il avait montrée dès l'origine. L'écurie de M. Lupin était à cette époque sous la direction de H. Neale, qui y remplissait le double emploi d'entraîneur et de jockey.

Expérience, à M. Th. Carter, est l'unique produit de *Physician*, comptant au nombre des célèbres vainqueurs dont nous nous occupons ; lui et sa sœur *Dulcamara* sont les deux seuls descendants de cet étalon, pouvant être classés parmi les chevaux de premier ordre. Ils sont l'un et l'autre issus d'*Aspasie*, par *Royal-Oak* et *Wawerley-Mare*.

Expérience fut repoussé comme reproducteur par l'administration des haras, à cause d'une tare aux jarrets. Après avoir servi de cheval de chasse, il fut cependant employé comme étalon par un particulier.

Saint-Germain, fils d'*Attila* et de *Currency*, était un très-bon cheval, sans cependant être tout à fait supérieur ; il fut le père de quelques bons chevaux, au nombre desquels *Good-By* se place en première ligne ; son caractère devint tellement mauvais pendant les dernières années de sa vie, qu'on fut contraint de l'abattre.

Amalfi était frère de *Gambetti* par sa mère *Tarentella ;* sa naissance pouvait également être attribuée à *Gladiator* ou à *Young-Emilius*. Cependant, sa robe alezane et son excessif courage feraient supposer que le premier avait des droits plus certains à sa paternité. Sa victoire dans le prix du

Jockey-Club fut une surprise. *First-Born*, à M. La-
tache de Fay, était très-favori, et *Amalfi* tout à fait
inconnu, il n'avait jamais couru ; le mauvais état de
ses jambes rendait son entraînement très-difficile,
on l'avait réservé pour cette course. *First-Born*
parut en effet devoir gagner jusqu'au poteau de
distance, il avait eu une lutte sévère à soutenir
jusque-là avec *Illustration*, excellente jument à
M. Th. Carter, et en était sorti vainqueur ; ce fut
seulement dans les derniers cent mètres qu'*Amalfi*
prit le dessus, et finit par gagner facilement. Ce
succès fut le seul de la carrière d'*Amalfi ;* on ne
put le remettre en état, et on le vendit pour un prix
insignifiant.

Porthos, le dernier des fils de *Royal-Oak* ayant
figuré parmi les gagnants célèbres, était né aux
jumenteries des haras du Pin ; il fut réformé et
acheté par M. A. Aumont. Il y eut dans sa victoire
beaucoup de bonheur, car ce n'était pas un cheval
d'un très-bon ordre. En raison du défaut qui l'avait
fait réformer comme produit de l'administration
des haras, il fut également déclaré impropre à

devenir un reproducteur. Castré, il devint cheval de service, mais son caractère difficile s'accommoda peu de cette distinction, et sa carrière s'est probablement terminée dans la plus humble de toutes les conditions.

En 1853, pour la première fois depuis neuf ans, le prix du Jockey-Club fut gagné par une jument. *Jouvence,* appartenant à M. Lupin, fille de *Sting* et *Currency,* la mère de *Saint-Germain,* avait préludé à cette brillante victoire par une course très-honorable en Angleterre ; elle gagna avec une excessive facilité, montée par R. Sherwood, qui fut ce jour-là, en même temps, son entraîneur et son jockey. *Jouvence* partage avec *Hervine* la réputation des deux meilleures juments que la France ait produites ; elle confirma cette haute opinion en gagnant le *Goodwood-Cup.* Elle offre également le premier exemple d'une jument se trouvant être vainqueur, la même année, du prix du Jockey-Club et du prix de Diane.

Comme poulinière, la carrière de *Jouvence* ne fut ni aussi longue, ni aussi glorieuse ; elle mourut après avoir produit seulement *Mandoline*, une très-jolie petite pouliche par *Nuntio*.

En 1854, la victoire de *Celebrity*, par *Gladiator* et *Anetta*, fille de *Miss-Annette*, appartenant à M. Reiset, causa à la fois une grande surprise et de nombreux mécomptes. Jusqu'au dernier moment *Blason*, à M. Aumont, fils de la fameuse *Frétillon*, et l'un des premiers produits du *Baron*, semblait devoir gagner facilement, lorsqu'il se déroba, donnant pour la seconde fois preuve d'un caractère tellement mauvais qu'on dut peu de temps après renoncer à le faire courir. *Celebrity* était cependant loin d'être aussi inférieur qu'on se plaisait à le supposer ; il avait remarquablement bien couru à deux ans, et battu *Trust* dans le prix de l'Oise, malgré l'inexpérience de son très-jeune jockey. Après son succès dans le Derby, il fut, il est vrai, constamment malheureux. Définitivement retiré de l'entraînement, il fut castré et longtemps employé comme cheval de chasse, et enfin comme *hack*.

L'année 1855 est restée dans les annales du turf,

comme une des phases les plus brillantes de notre production chevaline. Le vainqueur, *Monarque*, est sans contredit le plus remarquable cheval que la France ait possédé.

Trois de nos plus illustres étalons, *Sting*, *The Baron* et *The Emperor* se disputent l'honneur de sa naissance. Elle doit cependant, suivant toute probabilité, être attribuée à *The Emperor*. Sa mère *Poetess*, que nous avons déjà citée comme vainqueur du prix du Jockey-Club, avait produit avant lui *Hervine*, à qui le titre de la meilleure jument française ne peut être contesté que par *Jouvence*. *Monarque* gagna le Derby royalement, prenant la tête aux écuries et la gardant facilement jusqu'au but ; il était entraîné par T. Jennings et monté par Spreoty.

Le nom de *Monarque* dispense d'énumérer la longue série de victoires qui marquèrent sa glorieuse carrière. Sa vitesse fut égalée par bien peu. Nul ne surpassa son grand cœur ; il fut en Angleterre estimé à l'égal des meilleurs, et les dures épreuves qui lui furent imposées atteignirent parfois la limite de ses forces, sans jamais dépasser celle de son courage.

Il gagna successivement la poule d'essai, la poule des produits, le Derby continental à Gand, le grand Saint-Léger de Moulins, le grand prix impérial à Paris, deux fois le prix impérial, deux fois également celui du Cadran, le prix principal et trois prix spéciaux à Paris, le prix impérial et le prix des haras à Boulogne; en Angleterre, le *Good-wood-Cup* et le *Great-Newmarket handicap*, portant le poids le plus lourd de la course.

Il est père de *Hospodar, le Maréchal, Infante, Villafranca, Fornarina, l'Aventurière, Sémiramis, Gladiateur*, etc., etc., etc.

Lion, qui lui succéda en 1856, était également un cheval d'un mérite exceptionnel; mais le mauvais état de ses jambes présentait de telles difficultés dans son entraînement que, malgré toute l'habilité de Henri Jennings, il put rarement être mis à même de démontrer toutes ses qualités. Par suite de circonstances entièrement dues au hasard, il fit *dead-heat* dans le prix du Jockey-Club, avec *Diamant*, cheval assez médiocre, du reste; mais le battit à l'épreuve définitive avec une telle facilité qu'il demeura constant que le premier résultat était entièrement dû à une cause accidentelle.

Une seule fois Henri Jennings parvint à le mettre tout à fait à point, et il se présenta à Chantilly pour disputer le prix impérial à *Monarque*. Ce ne fut pas sans peine que le vainqueur des vainqueurs gagna la première manche, et il eût certainement succombé à la seconde si, à quelques pas du but, *Lion* ne s'était cassé le boulet. Comme le soldat de Marathon, il tomba en criant : Victoire! Cette lutte glorieuse devait lui coûter la vie. *Lion* mourut quelques jours après. Il avait constamment été monté par Flahman.

Le prix du Jockey-Club, en 1857, donna lieu à une circonstance curieuse et assez rare. Le favori *Florin* appartenait à M. Lupin, ainsi que *Potocki* par *Nunnykirch* et *Myska*. Ce dernier était considéré comme le second cheval de l'écurie, et leur commun propriétaire ne dissimulait pas sa prédilection pour *Florin*, qui était monté par Kitchener.

Dès le début de la course, *Florin* fit une faute, s'abattit sur son jockey, qui fut relevé sans connaissance, et *Potocki* demeura seul pour défendre les chances de son maître. Il gagna facilement. C'était, du reste, un cheval tout à fait de premier ordre; il ne fut jamais estimé à sa réelle valeur, en raison peut-être de la préférence que M. Lupin accordait à *Florin*. Vendu à l'administration des haras, il mourut sans avoir produit.

. Les deux années suivantes, le prix du Jockey-Club échut à M. le comte de Lagrange, acquéreur de l'écurie de M. Aumont.

Ventre-Saint-Gris, par *Gladiator* et *Belle-de-Nuit,* monté par Kendall, gagna en 1858, et *Black-Prince,* par *Nuncio* et *Creeping-Jenny,* en 1859. Le premier était tout à fait un cheval de premier ordre; mais l'état défectueux de ses jambes ne permit jamais de le remettre suffisamment en condition pour être à même de justifier l'opinion que ce succès avait inspiré de son mérite.

Black-Prince fut plus heureux que réellement

bon; car *Géologie*, qui ne fut pas placée dans la course, lui était notoirement supérieure.

Pour la première fois, en 1860, l'écurie de M. La-tache de Fay eut l'heureuse chance de gagner ce beau prix, longtemps l'objet de l'ambition de ce per-sévérant éleveur. Il ne put malheureusement jouir de cette gloire posthume. Ce fut sous le nom de Madame Latache de Fay que *Beauvais*, par *Elthi-ron* et *Wirthschaft*, gagna, monté par Chifney.

L'année suivante, avec *Gabrielle-d'Estrées*, par *Fitz-Gladiator* et *Antonia*, les couleurs de M. le comte de Lagrange triomphèrent pour la troisième fois en quatre ans.

Un fait sans précédent depuis la fondation du prix du Jockey-Club se produisit en 1862. *Souvenir* par *Caravan* et *Emilia*, à M. J. Robin, apparte-nant à la circonscription de l'Ouest, par suite de sa victoire dans le prix des Écuries, devint l'un des premiers favoris huit jours avant la course. Il gagna assez facilement. Cet événement produisit une grande sensation, et par plusieurs motifs peu de courses causèrent en France une aussi violente

émotion. C'était la première fois qu'un cheval de
province remportait un semblable succès, et quelques personnes ayant été initiées à sa qualité, de
très-grosses sommes avaient été engagées et perdues
par les partisans de *Stradella,* appartenant à M. le
comte de Lagrange, et *Favorite* depuis le commencement de la saison. Cette dernière ne devait pas
tarder à prendre sa revanche, et la même année, à
Bade, elle battait *Souvenir,* avec une excessive
facilité. Celui-ci, du reste, eut toujours pendant l
cours de sa carrière un singulier bonheur : l'année
suivante, il gagna à Paris le grand prix impérial à
la suite de plusieurs circonstances sans lesquelles,
malgré la décharge de dix livres due à sa naissance
dans la circonscription de l'Ouest, il était très-
certainement battu.

L'on peut trouver dans l'intérêt croissant apporté
chaque année au résultat du prix du Jockey-Club,
la mesure de l'extension prise par l'institution des
courses. Tous deux paraissent arrivés aujourd'hui
à leur apogée. L'année 1863 restera, comme la
précédente, une date mémorable dans les annales

du Derby français. Jusqu'au moment du prix de Diane, les trois écuries de MM. Schickler, Lagrange et Lupin, avaient tour à tour occupé la position de premier favori; lorsque la facile victoire de *la Toucques*, par *The Baron* et *Tapestry*, appartenant à M. le comte de Montgomery, et entraînée en Angleterre, par conséquent tout à fait inconnue, vint tout à coup, comme l'apparition de *Souvenir* l'année précédente, renverser les indications obtenues par les premières courses de la saison. On chercha en vain dans *Armagnac* un concurrent à la pouliche; elle gagna très-aisément.

La Toucques est le premier et sera probablement le seul grand vainqueur issu en France de *The Baron*; elle est arrivée seconde dans le Grand Prix de Paris, battue par *The Ranger*, et a presque fait *dead-heat* dans le *Goodwood-Cup* avec *Isoline*. A l'arrière-saison, elle a très-facilement gagné le grand prix de Bade à Bade, le prix de l'empereur à Chantilly, et celui du prince impérial à Paris.

En 1864, le prix du Jockey-Club ne paraissait pas présenter un grand intérêt. Depuis sa victoire dans la poule des produits, *Bois-Roussel* occupait à très-juste titre la place de premier favori, resté à 2/1 et à 6/4. La veille de la course il était offert à égalité au moment du départ, et on désespérait de lui trouver un adversaire.

Les débuts de la course parurent confirmer cette opinion, car *Bayard* ayant fait le jeu depuis le départ était rejoint aux écuries, et *Bois-Roussel* venait comme une balle au milieu de la côte, quand *Affidavit* se détachant au poteau de distance lui arriva brusquement; il fallut le sang-froid du vieux Flahman et l'admirable énergie de *Bois-Roussel* pour triompher de cette attaque inopinée, et gagner d'une longueur et demie.

C'était la première fois que l'écurie de M. Delamarre gagnait le prix du Jockey-Club, et cette victoire fut accueillie par une sympathie générale. Ce succès était le prélude d'un autre plus brillant encore : *Vermout*, le compagnon de *Bois-Roussel*, était destiné à battre, quelques jours plus tard, le vainqueur du Derby anglais dans le Grand Prix de Paris.

Bois-Roussel est né au château dont il porte le nom, chez M. le comte Rœderer. Il est par *The Nabab* et *Agar* par *Sting*, sortie de *Georgina*, fille de *Rainbow*. Il a été entraîné par Th. Carter neveu, et était monté par Flahman, qui, pour la quatrième fois depuis le commencement de sa carrière, secondait le vainqueur de cette grande course.

Bien des circonstances, s'expliquant d'elles-mêmes par les faits qui s'étaient tour à tour déroulés depuis le commencement de la saison, donnaient en 1865, au prix du Jockey-Club un caractère particulier d'animation, la force des choses ayant depuis longtemps divisé l'assistance en camps très-séparés, entre lesquels la conciliation ne pouvait résulter que de la solution même de la question. Aussi, rarement avons-nous vu les apprêts de cette course aussi nerveux. L'examen des favoris trompait mal cette attente fiévreuse, et chacun y cherchait la confirmation de ses craintes ou de ses espérances.

Le pesage s'est comme toujours, en pareille circonstance, accompli silencieusement et avec une sorte de rapidité fébrile. M. le comte Henri de

Greffuhle, qu'une indisposition avait empêché de présider cette opération pour les trois premières courses, malgré. son état souffrant, avait repris sa place habituelle pour le grand événement de la saison.

Les dix-neuf concurrents se sont enfin présentés sur le terrain : *Lélio* avait le n° 1 et était monté par A. Watkins; *le Mandarin*, par J. Grimshaw, portait l'écharpe et était menacé du dangereux voisinage de *Vertugadin*; *Argences*, le n° 9, monté par H. Grimshaw avec les premières couleurs de M. le comte de Lagrange. *Deliane*, montée par Kitchener, avec celles de M. Lupin, avait tiré le n° 5; et *Tour-malet*, portant l'écharpe, le n° 6; le fatal n° 13 était échu cette fois à *Templier;* et *Gontran* est entré le dernier avec le n° 7; Charles Pratt assumait, dans cette grave circonstance, la double responsabilité de jockey et d'entraîneur; *Ambassadeur* avait le n° 17; *Souverain,* le n° 12; *Tancrède,* 16; *Matamore,* 15, portait les premières couleurs de M. Delamarre; *Monitor,* 18; *Saïd,* 8; *Nord,* le n° 2; *Druse,* le n° 11; *Charles-Quint,* 19 et *Malfras,* le n° 10.

De tous les galops d'essai, celui de *Tancrède* fut, sans contredit, le plus brillant, et sa magnifique action laissait derrière lui un long murmure d'admiration.

Les dix-neuf champions, se plaçant à leur numéro d'ordre, sont passés en file et au pas devant les tribunes pour se rendre au départ, *Lélio* ouvrant la marche était déjà couvert d'une sueur de mauvais augure. Un long silence suivit le défilé; ils approchaient du poteau, et les appréhensions ordinaires en pareille circonstance se réveillaient plus vives que jamais; mais admirablement saisis par M. le baron de La Rochette, au moment où ils se retournaient pour se mettre en ligne, les dix-neuf chevaux se sont élancés avec le plus magnifique départ que l'on puisse obtenir pour un champ aussi nombreux.

Souverain et *Tancrède* menaient la course en passant devant les tribunes, *Ambassadeur* les suivait, *Mandarin* était en tête du second peloton, *Deliane* et *Gontran* au centre, *Tourmalet* et *Argences* beaucoup plus en arrière. Loin de justifier les appréhensions exprimées, avant le départ, sur le sacrifice de la chance de *Tourmalet,* pour augmenter celle de *Deliane,* on aurait beaucoup plutôt pu croire que la jument faisait le jeu du cheval, si cette manœuvre ne paraissait lui être habituelle. Il serait peut-être plus exact de dire que la tactique de *Souverain* pouvait être profitable à tous deux, car le cheval de l'Ouest faisait un train régulier et soutenu, mais modéré. Comme dans le prix de Diane et celui de l'Empereur, *Deliane* se glissant comme une couleuvre, se plaçait aux premiers rangs à l'avant-dernier tournant; elle rejoignait *Souverain* aux écuries. Mais la besogne n'était plus si facile. *Le Mandarin* galopait derrière elle et *Gontran,* maintenu dans le centre du groupe, tirait comme un démon. Au bas de la côte, la favorite était battue et *Tourmalet* arrivait à la rescousse. *Souverain* était encore en tête en arrivant dans la ligne droite. Mais se détachant en grand cheval, *le Mandarin* ne tardait pas à quitter le peloton. La lice de *Gontran* apparaissait bientôt à sa hanche, et dès que C. Pratt lui eut levé les mains, *Gontran* prenait le dessus et gagnait très-facilement.

Depuis la victoire de *Souvenir*, jamais d'aussi universelles acclamations n'ont accueilli un vainqueur du Derby, et une ovation, semblable à celle faite à *Vermout* au Grand Prix de Paris, attendait *Gontran* à sa rentrée au pesage. Son triomphe ne pouvait, en effet, manquer de trouver une sympathie presque générale. Il portait des couleurs sympathiques depuis longtemps au public des courses. Le nom du major Fridolin résume deux individualités très-aimées sur le turf : M. Charles Laffitte et M. le baron Nivière, dont la casaque tant de fois victorieuse dans presque toutes nos grandes courses, a eu un constant malheur pour le prix du Jockey-Club ; entrée deux fois sur le terrain avec le premier favori, les circonstances hasardeuses de la lutte lui ont chaque fois enlevé un succès presque certain, car *Stradella* était supérieure à *Souvenir*, et *Géologie* valait mieux que *Black-Prince* ; ce baptême du sportman lui manquait encore.

Une double part, dans ce brillant triomphe, revient à Charles Pratt ; il débutait cette année dans les difficiles fonctions d'entraîneur, et c'était une lourde responsabilité de commencer par la préparation d'un vainqueur de Derby. On ne pouvait la mener à meilleure fin, et il s'est placé de suite au rang des premiers. Charles Pratt a puisé, dans un long séjour auprès d'Henri Jennings, des connaissances pratiques qui l'ont affranchi de toutes les épreuves d'un débutant, et son professeur a dû ressentir une grande joie du triomphe de son élève, car *Gontran* était admirablement à point.

La tâche de C. Pratt était encore plus difficile comme jockey, car rarement un entraîneur peut monter sans émotion ; il s'en est acquitté d'une manière au-dessus de tout éloge. Le bruit avait couru un moment que Fordham serait appelé à venir le remplacer; il n'aurait pu mieux faire, peut-être pas aussi bien. L'honnêteté proverbiale et l'habileté de C. Pratt l'ont placé au rang de nos jockeys les plus estimés ; sa réputation comme entraîneur égale aujourd'hui celle qu'il s'était acquise depuis longtemps.

L'on ne saurait comparer l'aspect de l'hippodrome de Chantilly à celui que présente chaque année

Epsom le jour de la grande lutte du Derby. Les deux peuples ont un caractère et des habitudes différentes, et les solennités publiques empruntent nécessairement chez chacun d'eux une forme particulière.

On chercherait vainement en France cet intérêt passionné et général, porté par une population entière au résultat positif de la course. Quelques personnes le ressentent bien chez nous, mais pas au même degré ; leur nombre est d'ailleurs assez restreint. L'habitude de parier s'est, il est vrai, beaucoup étendue pendant ces dernières années ; mais elle est encore et sera toujours, croyons-nous, loin de devenir nationale comme chez nos voisins.

La profession de *book-maker* existe en France, plutôt de nom que de fait, et elle aura beaucoup de peine à acquérir les larges proportions où elle est arrivée depuis longtemps en Angleterre; là, c'est tout à fait une entreprise commerciale souvent des plus productives.

L'on aurait tort de croire cependant que le prix du Jockey-Club n'inspire pas un intérêt égal à celui du Derby anglais. Il est autre, voilà tout. La foule porte peut-être une moindre attention spéciale à la course elle-même ; mais il serait difficile de rencontrer un aspect plus animé que celui de l'enceinte du pesage au commencement de la journée. L'année dernière, par exemple, nous avons eu dans une moindre proportion un fac-simile du *ring* si célèbre d'Epsom.

C'est surtout dans les tribunes que l'étranger, s'il ne vient pas uniquement chercher à Chantilly de *sportmen's emotions*, trouvera un spectacle unique et impossible à rencontrer ailleurs. Deux vastes parterres s'étendent à droite et à gauche de l'enceinte du pesage devant les tribunes, séparés seulement par un passage réservé aux chevaux pour leur entrée sur la piste. Lorsque le temps est favorable, l'on voit de chaque côté s'étaler un éventail de toilettes représentant tout ce que Paris renferme de brillantes et fastueuses élégantes ; par une sorte de convention tacite, celui de droite est resté la propriété exclusive des femmes du vrai monde, chacun de ces frais chapeaux abrite un nom connu, une naissance illustre ou une grande fortune.

Celui de gauche offre au premier abord un aspect à peu près semblable, et un visiteur peu au fait des habitudes parisiennes, pourrait s'y méprendre ; . il présente cependant de notables différences, malgré la similitude parfois fâcheuse des toilettes !

Les femmes peut-être n'y sont ni plus ni moins jolies, mais elles paraissent plus disposées à croire qu'elles le sont ; leur gentillesse, en outre, manque de distinction, leur tournure est empruntée, leur élégance jamais épinglée. L'attitude des hommes est surtout caractéristique d'un côté comme de l'autre. Dans la première zone, ils sont soumis, empressés, respectueux, presque galants, malgré les tendances cavalières de l'époque ; c'est toujours sournoisement et sous prétexte d'aller examiner les chevaux dont la plupart se soucient au fond fort peu, qu'ils franchissent le Rubicon séparant les deux camps : ce moyen du moins leur a souvent réussi dans leur désir de se faire une liberté, mais il devient d'une pratique de plus en plus difficile, car les dames feignent à leur tour de se mourir d'envie de voir aussi les chevaux, et elles demandent à les accompagner dans la partie de l'enceinte où ils tiennent avant départ, *au Warren,* pour rappeler le terme usité à Epsom. Elles s'y montrent en effet en très-grand nombre maintenant.

Dès que les cavaliers ont mis le pied sur le territoire opposé, leur allure devient plus libre, ils s'assoient sans façon sur les chaises où les dames appuient leurs pieds, chaussés de bottes hongroises à haut talon ; l'on entend des tutoiements familiers, des éclats de rire bruyants ; on parle de gains et de pertes au jeu, de bals et de soirées *chic,* du dernier duel, des *Délassements comiques,* de l'Alcazar et de Thérésa *la divine,* de Hombourg et des projets pour la campagne qui ouvre ; on s'invite à dîner ou à souper pour le soir même à Paris.

Généralement chacun de ces mondes reste *chez soi,* c'est convenu, et les invasions d'un pays sur l'autre sont rares ; quand, par hasard, elles ont lieu, l'initiative vient toujours, il faut le dire, du quartier Bréda. Dès que la présence de l'ennemi est signalée, l'on voit se produire un certain mouvement au milieu des groupes réguliers et corrects ; les têtes se

penchent, les binocles jouent ; on se pince les lèvres,
l'on regarde très-attentivement même ce que peut
avoir de si particulier mademoiselle telle ou telle
pour laquelle se sont compromis ou ruinés messieurs
tels ou tels ! Le cavalier de la dame, suivant son
caractère, est honteux ou triomphant de l'effet
qu'il produit ; quant à elle, elle passe la tête haute,
regardant toute cette ligne de bataille comme un
contrebandier regarde la douane sur un terrain
neutre, et après cette triomphale promenade, rentre
dans ses limites, toute fière de cette provocante har-
diesse.

Les vrais sportmen restent étrangers à tous ces
petits événements ; ils ne quittent l'enceinte que
pour chercher une place favorable et voir la
course ; ce n'est pas aujourd'hui une tâche facile.
Le prix du Jockey-Club se court au milieu de ces
diverses émotions ; mais c'est dans un certain cercle
seulement que le résultat produit une émotion
réelle. Le nom du vainqueur n'en est pas moins
dans toutes les bouches, et toute cette foule brillante revient à Paris, ayant accompli une des

obligations de la vie élégante, à laquelle pour rien au monde personne ne manquerait.

Le voyage de Paris à Chantilly, grâce aux intelligentes dispositions que prend l'administration du chemin de fer du Nord, est facile en tout temps. Seize trains échelonnés des premières heures aux dernières y conduisent journellement. Pendant la semaine des courses, le service se plie aux convenances du public avec une courtoisie des plus charmantes. Des départs spéciaux ont lieu pour *l'aller* et le *retour,* si bien que ceux que les attractions naturelles de Chantilly ne captivent pas peuvent, au besoin, partir pour les courses, soit à midi, soit à une heure, et s'en revenir à Paris, à cinq heures, après avoir assisté à toutes les phases de ces intéressantes réunions.

Chantilly compte plusieurs hôtels, les deux principaux sont : l'hôtel du Grand-Cerf et l'hôtel d'Angleterre.

Les écuries d'entraînement, tant à Chantilly que dans ses environs, sont au nombre de douze.

L'on comptait au nombre des plus grands attraits

de Chantilly le contraste qu'offrait le riant coup d'œil de son excellent et gracieux hippodrome avec l'aspect aride, nu et presque désolé de celui de Paris.

Le Champ-de-Mars n'était effectivement pas, à proprement parler, un terrain de courses, et l'on ne pouvait se croire encore dans la capitale d'un pays comme la France en se trouvant sur ce terrain sablonneux au milieu des baraques incommodes et insuffisantes qui servaient de tribunes et d'estrades.

Quelques écrivains spéciaux signalèrent avec persistance les inconvénients nombreux qui résultaient du pitoyable état de cet hippodrome, notamment l'auteur du livre intitulé : *Le Turf, histoire des Courses de chevaux en France et en Angleterre.* Il fut le premier à parler des prairies de Longchamps, situées entre la limite occidentale du bois de Boulogne et la Seine, comme parfaites pour l'établissement d'un champ de courses; il devait cette indication à M. Samson, le beau-frère du comte d'Hédouville. Des capitalistes, adoptant ses idées, se réunirent pour exploiter ce terrain sous la désignation des *Sports de Longchamps.* Pendant deux ans, on y courut en courses plates et en courses d'obstacles.

Cette fondation éveilla l'attention de MM. les membres de la Société d'Encouragement qui se préoccupèrent vivement de donner aux courses qu'ils avaient créées un théâtre plus digne de l'état prospère où elles étaient arrivées.

Par suite d'une concession de la ville, la société devint propriétaire du terrain actuel de Longchamps, à la charge acceptée par elle de faire construire les tribunes spacieuses et permanentes existant aujourd'hui.

Cette translation fut un des événements les plus saillants du turf français, car il s'agissait non-seulement de créer un hippodrome digne des plus beaux prix et des meilleurs produits de notre pays, mais il fallait encore introduire et faire accepter les innovations nécessaires pour donner suite aux idées anglaises, qui doivent inévitablement dominer, en tout lieu et en tout pays, pour ce qui se rattache à la question des courses.

Il suffit aujourd'hui d'un coup d'œil pour apprécier la manière admirable dont le comité des courses de la Société d'Encouragement a rempli cette tâche difficile. Il était visible, au premier abord, que la capitale possédait enfin un champ de courses tel qu'on en connaissait jusqu'alors en Angleterre seulement, et non un champ de manœuvres converti en hippodrome d'une manière incomplète et insuffisante.

Le terrain a environ 66 hectares de superficie; sa vaste étendue, sans être son plus grand mérite, est cependant un grand avantage. L'aspect général y gagne, et en accroissant ainsi la circonférence de la piste, on peut éviter les tournants fréquents et permettre aux chevaux de déployer le maximum de leur vitesse pour un parcours considérable.

L'hippodrome est entièrement gazonné; le terrain est aussi bon que peut l'être un sol artificiel, et, grâce aux soins intelligents de M. Mackensie-Grieves, aux dépenses devant lesquelles la Société ne recule jamais, il acquiert d'année en année toute l'élasticité désirable.

L'inauguration du terrain de courses de Longchamps eut lieu le 27 avril 1857. Ce fut une véritable fête, malgré un temps peu favorable ; rien ne manquait pour lui donner toute l'apparence d'une importante solennité. La présence de LL. MM. Impériales; équipages, chevaux de selle, foule animée, spectateurs de haut rang, tous ces éléments indispensables à l'éclat de la réunion étaient accourus au rendez-vous. 3,000 personnes se pressaient dans l'enceinte du pesage, parmi lesquelles on remarquait S. A. I. le prince Napoléon, le duc de Nassau, les ministres, plus de 500 dames appartenant au meilleur monde de la société parisienne; le Jockey-Club en masse, qui assistait à ce solennel baptême, auquel quelques rayons de soleil auraient donné une véritable splendeur. Plus de 5,000 personnes occupaient les pavillons et les gradins découverts. Sur le terrain de courses on comptait 700 voitures, dont 11 à quatre chevaux, 4,000 piétons et 250 cavaliers.

Malgré ce brillant début, on peut affirmer que la vogue de ces réunions a suivi depuis une marche sans cesse progressive. Elles sont aujourd'hui les rendez-vous de plus en plus acceptés de l'élégance parisienne et de la grande foule. Chaque année, elles reparaissent avec un éclat d'assistance plus remarquable que jamais. Cette progression est si marquée, qu'elle a rendu nécessaire, depuis l'année dernière, l'agrandissement d'une partie de l'enceinte du pesage réservée aux dames et aux gens du monde. Cette enceinte du pesage a remplacé l'ancienne et traditionnelle promenade dite de Longchamps, ce concours en plein air des modes et des élégances parisiennes du jour.

Par une mesure due à l'initiative du Jockey-Club, les piétons, selon l'usage en Angleterre, admis maintenant dans l'intérieur de l'hippodrome, peuvent librement circuler sur la piste pendant l'intervalle des courses. Pour la première fois aussi la surveillance de l'hippodrome était en quelque sorte livrée au seul bon sens du public. L'épreuve a été décisive : l'assistance a merveilleusement compris l'importance qu'il y avait à maintenir le bon ordre dans une pareille réunion. La sagacité et la tenue de tous ont été remarquables : au signal donné par le son de la cloche,

on voyait la foule se ranger comme l'eût fait un public anglais, un public d'Epsom ou de New-Market.
Après chaque course, les spectateurs en haies quittaient tumultueusement leurs places et couraient en
masse compacte au-devant du cheval gagnant, qu'ils
voulaient admirer. Les cavaliers, de leur côté, galo-
paient ; les voitures s'ébranlaient sur l'hippodrome ;
ce n'était que mouvement et agitation, et cependant
il n'y a eu aucun accident à déplorer, pas le plus
léger trouble à réprimer. Tout s'est accompli à sou-
hait, sans qu'on ait vu un soldat ou qu'on ait même
senti l'action de la police.

Il était réservé à M. Lupin, fondateur d'une de
nos plus anciennes écuries de courses, de remporter la première victoire sur ce magnifique terrain. Il
gagna le prix de la Bourse, avec *Eclaireur* par
Master-Waggs et *Lanterne*. Le poulain était monté
par Kitchener.

M. Lupin avait déjà, en 1856, gagné la première
et la dernière course de l'année. Le terrain de
Longchamps fut d'un favorable augure pour lui,
car il devait, quelques jours après, être pro-

clamé vainqueur du Derby avec *Potocki* par *Nun-nykirh* et *Myska*.

Une création grandiose ne devait pas tarder à donner au terrain de Longchamps une importance exceptionnelle, et en faire de tous points le rival de Chantilly. L'association de MM. Lagrange et Nivière, la translation de leur écurie d'entraînement à New-Market ne tardèrent pas à démontrer l'étendue des progrès faits depuis quelques années par notre production de pur sang. Les éclatantes victoires de quelques-uns des chevaux de l'écurie associée, placés dans des conditions égales d'entraînement, donnèrent l'idée que la France pouvait, en partie du moins, s'écarter du système prohibitif adopté depuis la fondation des courses.

C'est principalement à M. le duc de Morny qu'on doit l'initiative de cette pensée. Il fut, dans l'exécution, secondé par plusieurs de ses collègues du Jockey-Club, notamment le vicomte Paul Daru, par le conseil municipal de la ville de Paris, auquel vinrent s'adjoindre les administrateurs des différents chemins de fer, et, grâce à ce puissant patronage, le Grand Prix de la ville de Paris fut fondé. La somme exceptionnelle offerte à cette occasion fut digne de la capitale de la France, et n'a de précédent dans aucun pays.

Ce ne fut pas sans difficultés qu'on réussit à établir les conditions de la nouvelle création; la principale résidait dans l'opposition que rencontrait en Angleterre la fixation du dimanche pour l'inauguration de cette lutte, dont le résultat devait être une date mémorable dans les annales du turf des deux pays. La Société d'Encouragement maintint cependant ce jour, malgré l'expression d'un mécontentement hautement manifesté par toute la presse anglaise.

Le sentiment public était en France conforme à l'opinion de la Société, qui pensait d'ailleurs avec raison que notre pays ne devait pas s'incliner devant des usages et des préjugés qui n'étaient pas les siens. Les étrangers venaient chez nous participer à une œuvre fondée par nous, ils devaient naturellement se conformer aux coutumes d'une nation dont ils recevaient l'hospitalité, et ne pas chercher à imposer les leurs.

Le débat fut assez animé, et donna lieu à une longue correspondance entre M. le vicomte Paul Daru, chargé de communiquer à l'amiral Rous, président du jockey-club anglais, les considérations qui avaient décidé le comité des courses de notre Société d'Encouragement à choisir le dimanche pour la fixation du prix de 100,000 fr.

Le fondateur et rédacteur en chef du journal *le Sport*, M. Eugène Chapus, intervint dans le débat, et fit valoir, en faveur de l'opinion du comité des courses de la Société d'Encouragement, des considérations que nous croyons devoir reproduire plus loin comme un intéressant document.

La réponse de l'amiral Rous à M. le vicomte Daru vint mettre fin à ce débat. Le malentendu élevé à ce sujet reçut une solution conforme aux idées françaises.

Rien ne s'opposait donc plus au succès de ce brillant tournoi international, et son inauguration eut lieu le 31 mai 1863. Elle fut digne de la pensée qui l'avait conçue, et justifia pleinement l'opinion des fondateurs. L'élevage français se montra dans des conditions d'égalité parfaite avec celui de nos voisins ; notre champion, l'un des grands favoris, arriva second après une très-belle course, battant les meilleurs chevaux d'outre-Manche.

Jamais réunion n'avait attiré en France une assemblée aussi considérable et excité l'intérêt à un aussi haut degré. Les différentes courses composant le programme de la journée eussent, dans toute autre circonstance, été l'objet d'une attention qu'elles méritaient, par le nombre et la qualité des concurrents; elles se passèrent cependant au milieu d'une indifférence à peu près complète et dans une attente fiévreuse du grand événement.

L'enceinte du pesage, les tribunes étaient de bonne heure envahies par une foule qu'elles ne pouvaient contenir, et dont l'encombrement mettait un grand nombre d'assistants presque dans l'impossibilité de suivre les courses.

L'intérieur de l'hippodrome était couvert de piétons, et les abords de la piste occupés par un nombre de voitures dépassant celui des plus belles journées du printemps. On peut, du reste, se convaincre de l'immense concours de spectateurs réunis sur tous les points, par la recette de 81,000 fr., chiffre de beaucoup supérieur à celui obtenu jusqu'à ce jour sur aucun autre hippodrome.

L'arrivée des concurrents anglais était la préoccupation générale; ils étaient à peine signalés qu'une foule curieuse s'assemblait autour de chacun d'eux.

C'est au milieu de l'impatience de tous qu'eurent lieu les préparatifs du Grand Prix de Paris; une avide curiosité attendait les concurrents à leur entrée sur le terrain. Une acclamation d'espérance accueillit la venue de *la Toucques*, et, circonstance toute nouvelle en France, il n'y avait peut-être pas un seul assistant parmi cette nombreuse assemblée qui n'apportât un intérêt passionné au résultat de la course.

Les galops d'essai terminés, les onze champions présents sur les quatre-vingt-deux engagés passèrent au pas et en file devant les tribunes pour se rendre au poteau du départ. Un sentiment d'anxiété saisit l'assemblée entière au moment où les chevaux se mettaient en ligne. Il est bientôt dissipé, car un magnifique départ a lieu au premier essai. Le groupe passe devant les tribunes, *The Orphan* faisant le jeu grand train, *Damier* la suivant, *la Toucques* parfaitement placée au centre du peloton, *Lord Clifden* aux derniers rangs. La course fut menée un train exceptionnellement vite. Au premier tournant, *Damier* avait succédé à *The Orphan* et commençait un jeu désespéré. Pendant tout le parcours, *la Toucques* s'était parfaitement tenue à sa place, prenant progressivement le dessus sur *Hospodar* et *Lord Clifden*. Enfin, au dernier tournant, *Saccharameter* était battu à son tour, et la pouliche française sortait du groupe aussi facilement qu'à Chantilly dans le prix du Jockey-Club, mais suivie de très-près par *The Ranger*. Quelques voix hâtivement enthousiastes proclamaient déjà son triomphe, quand *The Ranger* vint se placer sur la même ligne, sans que *la Toucques*, malgré les sollicitations de son jockey, pût réussir à s'en débarrasser. A cent mètres du but, la victoire paraissait encore indécise, et l'extrême ressource de la cravache fut presque simultanément employée pour demander aux deux rivaux un dernier et suprême effort. *The Ranger* fit preuve à ce moment de l'opiniâtre énergie qui constitue une des plus précieuses qualités du cheval de courses, et après une très-courte lutte, il dépassait *la Toucques* d'une longueur et demie à peu près.

La seconde épreuve de cette lutte sans précédent devait donner le spectacle, inconnu en France, d'une population entière, uniquement préoccupée du résultat d'une course, et de l'ivresse d'un triomphe, dont l'enthousiaste manifestation atteignit aux proportions des victoires ou des antagonismes les plus passionnés dont Epsom ou New-Market aient été témoins.

Les tribunes de l'hippodrome de Longchamps, agrandies d'un tiers, ne suffisaient pas à contenir la foule qui s'augmentait sans interruption. Le nombre des voitures et des piétons dépassait même celui constaté l'année précédente à pareille époque. Au dehors, des spectateurs en masse entouraient la piste dans toute son étendue; ils formaient une sorte de muraille de têtes immobiles dans l'attente.

LL. MM. l'Empereur et l'Impératrice étaient arrivés dès la première course de la journée.

La cloche annonce le moment de la grande lutte. *Fille-de-l'Air* s'est la première présentée sur le terrain, tenue en main par son entraîneur Tom Jennings, et montée par Edwards. Son entrée a été saluée de vives acclamations; elle résumait à ce moment toutes les espérances *françaises*. La pouliche paraissait dans une magnifique condition, et l'on n'avait rien négligé pour la mettre en état de soutenir sa réputation dans cette épreuve décisive. Elle était cependant nerveuse et impatiente.

Le champion anglais parut après elle; son apparence de force, peut-être un peu volumineuse, produisit une impression favorable, et l'on paraissait à ce moment désespérer de lui trouver un rival. Les deux chevaux de M. Delamarre le suivaient presque immédiatement. *Vermout* portait l'écharpe et était monté par Kitchener, *Bois-Roussel* restait confié à Flahman.

Enfin *Baranello* est entré le dernier, précautionneusement tenu en main par son entraîneur, et monté par French; il paraissait calme et assez résigné; sa mauvaise humeur s'est traduite seulement

par quelques mouvements de tête brusques et sac-
cadés, promptement réprimés sous la puissante
étreinte de son jockey.

Après les galops d'essai, les cinq concurrents
sont passés au pas dans leur numéro d'ordre pour
se rendre au poteau du départ. *Bois-Roussel* avait
le n° 1, *Vermout* le n° 2, *Fille-de-l'Air* le n° 3, *Baranello* le n° 4, *Blair-Athol* le n° 5.

L'on vit alors un spectacle unique jusqu'à ce jour,
le vainqueur du Derby, celui des Oaks, du prix de
Diane, et celui du Jockey-Club, les trois premiers
chevaux du monde réunis, comme si un peintre les
eût placés dans un examen comparatif; puis avec
eux, un champion à peine connu dont la réputation
devait dans quelques minutes éclipser celle de ces
trois célébrités.

Blair-Athol et *Fille-de-l'Air* ne se quittaient pas,
s'observaient mutuellement, persuadés que la lutte
ne devait exister qu'entre eux seuls. *Vermout,* après
avoir mené la course jusqu'en face des tribunes,
restait en tête, suivi de près par les deux rivaux.
Au haut de la montée, une longue acclamation an-

nonça un changement dans l'ordre des concurrents.
Effectivement *Fille-de-l'Air* quittait le groupe et
semblait se détacher facilement. *Blair-Athol* la suivait ; la pouliche semblait voler, et l'attention de
tous était également captivée par tous deux. Un
moment de déception se produisit lorsqu'elle fut
rejointe par le cheval anglais ; tous deux étaient, du
reste, tellement épuisés par leur lutte mutuelle qu'ils
semblaient ne plus marcher, mais le champion
anglais avait le dessus ; une stupéfaction générale,
suivie d'un long cri de triomphe, s'empara alors de
l'assemblée entière, lorsque *Vermout,* les rejoignant
tous deux, les dépassa et arriva premier d'une longueur, mais très-facilement.

Jamais course n'a été suivie avec une semblable
émotion, par une assistance plus nombreuse. *Ver-*
mout est rentré au pesage porté par les acclamations
unanimes d'une foule immense ; l'enthousiasme se
communiquait depuis les tribunes jusqu'au public
stationnant en dehors de la corde. Sa Majesté l'Empereur voulut elle-même féliciter l'heureux propriétaire du vainqueur, et pendant plusieurs jours on ne

rencontrait dans tout Paris que des gens enroués, et ne pouvant parler, par suite des brillantes manifestations de ce triomphe inespéré.

Vermout est par *The Nabab* et *Vermeille*, par *The Baron* et *Fair-Helen*. Il est né au haras de Bois-Roussel (Orne), chez M. le comte P. Rœderer, qui se trouve ainsi avoir élevé en même temps le vainqueur du prix du Jockey-Club, et celui du Grand Prix de Paris. *Vermout* appartient à l'association dirigée par M. Delamarre, et a été entraîné par Thomas Carter neveu. Il a été admirablement monté par Kitchener, auquel on doit rendre la très-grande part qui lui revient dans cet éclatant triomphe.

Ainsi devait se terminer la seconde épreuve de ce défi audacieux porté par l'élevage français à son devancier d'outre-Manche. Dès la deuxième année l'égalité de notre production, presque démontrée la première fois, recevait une éclatante consécration.

L'institution du Grand Prix de Paris se scinde en deux parties distinctes : celle qui intéresse le turf et l'élevage, celle qui intéresse le mouvement industriel du touriste élégant, dont Paris est également appelé à profiter. A ce double point de vue, cette institution mérite d'être prise en particulière considération.

On aurait pu penser que l'intérêt spécial et technique qui s'y rattache se serait généralisé plus vite, d'après le caractère même et l'importance de cette réunion ; mais on est lent parfois à comprendre les meilleures créations, et, en fait de courses, toutes n'ont pas le sort rapidement prospère de celles de Bade. Il est évident qu'à l'égard de la magistrale réunion de Paris, ce que nous appellerons le succès technique n'est qu'une question de temps.

Il suffira peut-être de réaliser certaines modifications dont l'expérience signalerait la nécessité. La condition restreinte du champ avec laquelle cette course s'est présentée cette année, laisse supposer qu'il existe quelque obstacle à son succès *de nombre*.

Quelle cause, par exemple, a pu empêcher jusqu'ici les chevaux allemands et les chevaux italiens de prendre part à la lutte? Quel motif s'oppose à la présence d'un plus grand nombre de chevaux an-

glais? Il s'agit de s'en rendre compte et d'y remédier,
de manière à donner à ce prix l'éclat exceptionnel
qui lui est réservé par son essence même. Le Grand
Prix de Paris est une sorte de concours général où
tous les lauréats des hippodromes d'Europe sont
conviés à venir disputer et conquérir le championnat
hippique. Il y a un immense prestige, rien que dans
l'énonciation de ce prix; on a pu en juger par cette
même réunion; on savait d'avance que le nombre
des chevaux partants serait fort restreint; que l'Angleterre n'envoyait qu'un seul concurrent; ce concurrent, à la vérité, c'était le vainqueur du Derby
anglais, et à côté de lui devait être le gagnant de la
poule d'essai, le gagnant du Derby français ou prix
du Jockey-Club, et enfin le gagnant du prix des
Oaks, la jument française, contre la victoire de
laquelle l'étonnement de la multitude anglaise avait
si vivement protesté. De là le coup d'œil de l'assemblée, qui a dépassé toute attente en animation et en
éclat.

Quels bals, quelles réceptions ont jamais offert un
pareil choix d'élégances! Le souvenir reste tout

chargé du charme de ses impressions. C'était une sorte de fête du zodiaque printanier. Les étoiles étaient personnifiées par les notoriétés du monde parisien : étoiles de première grandeur, étoiles moyennes, petites et mignonnes, quelques nébuleuses, et autour d'elles des satellites gravitant dans leur orbite. Nous n'en avons pas fini avec cette métaphore cosmographique! Comment, en effet, omettre les comètes de cette assemblée avec leurs longues traînes? Voyez l'heureuse idée pour une telle foule! Mais, à ces exceptions près, et y compris même ces exceptions, quelle coquette recherche partout! quelle fraîcheur de toilettes se manifestant à l'aide de la soie, de la mousseline, de la moire, des étoffes les plus exquises de nuances et d'agencement!

La liste au complet des femmes charmantes de tournure et de physionomie qui faisaient partie de cette assemblée ne saurait trouver place ici. Quelques noms seuls, et un peu au hasard, y viennent s'insérer d'autorité.

11.

Mesdames les *princesses :* de Henin , — de
Sagan , — de Metternich, — de Ligne , — Ponia-
towska.

Les *duchesses :* de Rivière,—de Magenta,— d'Es-
tissac,—de Fitz-James,— d'Ayen,—de Marmier, née
de Courval,—de Brissac,—de Valençay,—de Morny,
— de Persigny,—d'Istrie,— de la Trémouille,—Co-
lonna.

Les *marquises :* de Bellemont,— de Pleumartin,
—de Béthisy,—de Gallifet, —de Lorges,—de Biencourt.

Les *comtesses :* de Guébriant,—de Greffulhe, née
de La Rochefoucauld,— de Flahaut, — de Durfort,—
de Pourtalès,—de Ganay,—de Beurges,—de Brézé,
—de Damas,—de La Ferronayes,—Fernand de La
Ferronayes, — de Bellebœuf, — de Esterhazy, — de
La Rochefoucauld, — de Galard,— de Boisgelin,—
de Chabot,— de Clermont-Tonnerre,—de Biencourt,
— de Biron,—Borelli,—de Castries,— de Nadaillac,
—de Mezas,—Argenteau, née de Chimay,—d'Affry,
— de Lowenthal.

Les *vicomtesses :* de La Rochefoucauld,—de Durfort, née Montmorency,— de Courval,— de Boisgelin,— de Ganay,— de Lauriston.

Les *baronnes :* Schickler,—de Courval.

Mesdames Villiers,— Lawby,— Émile de Girardin,— Sweytowska,— d'Assailly, etc., etc.

Quoique l'Angleterre n'eût envoyé qu'un seul cheval, celui, à la vérité, qui était réputé le meilleur de ses chevaux de trois ans, nous avons eu un nombre considérable de ses turfistes et de parieurs. Leur présence sur le champ de course dès la veille, en avait singulièrement accru l'animation et échauffé la vivacité des opérations du *ring*. Nous avons remarqué, parmi les arrivés d'outre-Manche, une dizaine ou une douzaine de jeunes officiers de la garde royale à cheval du régiment dit des *Blues*.

Ces messieurs avaient voyagé avec leur *drag*. Le drag est une voiture aux vastes proportions et affectée, dans les déplacements, au service de bouche. Son aménagement est tel qu'elle contient à l'intérieur tous les approvisionnements nécessaires en solides et en liquides. Le drag a pour couronnement un coffre qui s'y adapte parfaitement. A un signal donné, le coffre s'ouvre ; des battants comme ceux d'une table qui se déploient, et la compagnie prend place tout autour pour manger. Le drag des *Blues*, avec son attelage au complet, a débarqué à Calais ; il a été placé sur un truck de chemin de fer, et, arrivé à Paris, il s'est montré sur le champ de courses du bois de Boulogne. A Epsom, il y a des centaines de ces drags, drags militaires et drags civils : ce sont des salles à manger ambulantes.

De même que Paris, deux ans avant, avait envoyé sa bouquetière à Epsom, Londres, cette fois, nous envoya l'une des notoriétés typiques de ses réunions de courses, l'excentrique et célèbre *Joey-Jones*. Ce personnage a pour mission de faire partie de toutes les réunions de sport et de les divertir. Il suit les courses, les pugilats, les tirs au pigeon, dont il défraye les assemblées par ses joyeusetés. C'est une sorte de Triboulet public ; il fait rire, c'est vrai, mais il est saltimbanque, boxeur, jockey, nageur et sauveteur au besoin : nul ne jette mieux que lui son chapeau en l'air et ne pousse un plus retentissant hourrah, ou des *cheers* plus en situation. Vient-on à se heurter dans une foule : il trébuche, roule par terre et feint d'être blessé pour faire naître une émotion qui bientôt se change en rire. Monté sur un cheval de manége parfaitement dressé, s'il voit tomber un mouchoir près de lui, son cheval s'avance et ramasse le mouchoir avec ses dents et le rend à celui qui l'a laissé tomber. Joey-Jones jappe au besoin, glousse et miaule; c'est un bout-en-train. Il imite la clarinette, le clairon et les castagnettes; il chante comme un ténor de 100 mille francs d'appointements réduit à 600 francs par des malheurs de larynx, saute comme un Léotard estropié et déclame comme le Kemble d'un théâtre forain. Son costume était calme, comparé à ce qu'il est parfois, en Angleterre, pantalon blanc, jaquette blanche, chapeau blanc, le tout bordé de laine rouge ou de soie rouge; un large ruban rouge en sautoir sur le gilet; la poitrine diaprée de médailles commémoratives et une lorgnette en sautoir par-dessus la jaquette.

Joey-Jones ne faisait point partie de ce groupe

compacte de gentlemen, parieurs et autres qui a si chaleureusement accueilli l'arrivée de l'Empereur et de l'Impératrice. Il s'en était abstenu avec un fin discernement, à cause sans doute de sa notoriété excentrique. Cette manifestation, à l'adresse de Leurs Majestés Impériales, a précédé de quelques minutes seulement la course pour le Grand Prix.

Il y a eu un mouvement de bruyante admiration à l'entrée de *Blair-Athol*, le cheval anglais, dans la piste. La puissance et la netteté de ses formes symétriques, la tranquillité sereine de son pas, le charme de sa robe alezane, la coquetterie des tresses de sa crinière, et même le délié et l'aplomb de son galop d'essai, tout ce diagnostic préliminaire avait confirmé les grandes espérances que les parieurs avaient mises en lui, fondées en outre sur le prestige de sa victoire à Epsom. Au moment où la victoire du cheval français était proclamée, l'Empereur brandit son chapeau avec une chaleur de satisfaction patriotique. La foule, ayant compris, répondit à ce mouvement par des vivat prolongés, auxquels les Anglais, sans réserve, prirent une très-large part. Cette

victoire hippique, obtenue sur eux avec un produit
de sang anglais, avait quelque chose de ces victoires
que leurs armées ont obtenues sur les nôtres, à une
époque où leurs chefs anglais étaient issus de sang
français, et où la langue qu'ils parlaient était le
français : Azincourt, Crécy! — C'était race française
contre race française sous des drapeaux différents!

Les Anglais ont accepté la défaite de leur favori
avec un calme et une bonne grâce modèles. — Comment donc *Blair-Athol* a-t-il pu perdre, demandait-
on à l'entraîneur de ce cheval; il n'est donc pas
dans sa forme, il est donc malade? — Mon cheval
est en parfait état, a-t-il répondu; il est très-bien
portant; il a été battu, parce que le cheval de M. Delamarre lui a été supérieur : voilà tout le mystère[1].

Comme une sorte de justice providentielle, le résultat du Grand Prix de Paris, en 1865, devait apporter à chacun la récompense qui lui était légitimement
due La Société d'Encouragement a pu justement
s'enorgueillir en voyant cette lutte internationale,

1. Voir note B, page 181.

dont la création a causé tant d'appréhensions; dans laquelle nous entrions presque à regret, avec le sentiment craintif de notre infériorité absolue; transformée en trois ans en une arène, où les chevaux français non-seulement n'avaient plus de rivaux, mais encore ne rencontraient pas de concurrents.

En dehors de sa signification positive, le succès de *Gladiateur* est entouré d'un concours de circonstances particulières, au milieu desquelles domine une singulière prédestination. L'influence exercée par le comte de Lagrange, sur la marche de l'institution des courses, et leur popularisation, a été déterminante, pendant le cours de ces dernières années. Tous ces éléments de prospérité existaient avant lui, épars et disséminés; ils s'abritaient derrière des mesures prohibitives d'une concurrence étrangère, dont le fantôme, planant incessamment sur tous les résultats acquis, les enveloppait toujours d'un doute et d'une restriction. La supériorité fondée sur l'infériorité des autres est une faiblessse relative. La force véritable est absolue, et se protége assez elle-même. Quand au milieu de ces essais, tournant perpétuellement dans le même cercle, surgissait un cheval marquant, toute l'ambition de son maître se bornait à tenter timidement, grâce à d'énormes avantages de poids, la hasardeuse épreuve de Good-wood-Cup, heureux de remporter triomphalement en France un trophée, considéré comme une limite infranchissable, au delà de laquelle il était inutile de s'aventurer.

Ambitieux d'un résultat plus positif, M. le comte de Lagrange planta hardiment en Angleterre l'étendard de l'élevage français. Il ne s'attacha pas, dans cette audacieuse invasion, à trouver, grâce à des conditions avantageuses, un succès facile et relatif. Dès le début, le nom de ses chevaux figura parmi les engagements des plus grandes courses d'Angleterre; après de nombreuses alternatives de revers et de succès, d'efforts souvent méconnus, il toucha enfin ce but tant désiré, et deux années de suite gagna les deux grandes courses caractéristiques d'Angleterre, les Oaks et le Derby. L'idée de la fondation du Grand Prix de Paris a évidemment été inspirée par la confiance que nous étions en état de figurer honorablement dans cette lutte, où nous conviios les autres nations. On est à moitié battu quand on se défie de soi-même, ce sentiment de notre propre force, nous le devons à M. le comte de Lagrange ; le premier, il a franchi les limites d'un cercle devenu trop étroit, et s'est affranchi d'une tutelle onéreuse quand l'heure de la majorté a sonné. Il était donc juste qu'il fût uu des premiers à recueillir les bénéfices d'une situation à laquelle il a puissamment contribué, s'il ne l'a pas créée tout entière.

Après quatre années d'une des plus dures carrières qu'aucun cheval ait jamais accomplie, *Monarque* est tombé *broke down* sur un champ de course anglais. Le premier, il avait renoncé à des avantages impliquant un aveu tacite d'infériorité. Il appartenait à l'un de ses fils de continuer son œuvre et de l'amener à un degré qui ne saurait être surpassé.

La victoire du cheval de M. le comte de Lagrange, dans le Derby, devait nécessairement paralyser toute animation sur le Grand Prix de Paris, surtout lorsqu'on sut le haut style dans lequel *Gladiateur* avait gagné ; on en vint rapidement à payer 2 et

3/1 pour le prendre, et encore le trouvait-on difficilement, même à cette cote exceptionnelle. Le cercle des opérations, forcément restreint quant à
lui, n'était pas beaucoup plus étendu sur les autres
concurrents ; des doutes existaient relativement à la
présence même d'un seul cheval anglais, cette
abstention n'était pas faite pour diviser l'opinion
presque exclusivement concentrée sur l'antago-
nisme de *Gontran* qui était assez demandé à 3/1 ;
Tourmalet trouvait quelques partisans à 10 et 15/1.
Mais jamais, à la veille d'un aussi grand événement,
le Salon des courses n'avait présenté un aspect aussi
calme.

Rien dans la journée de samedi n'était de nature
à modifier cette situation ; *Vertugadin,* ayant heureusement pour la première fois affronté un hippodrome à visage découvert, avait inspiré une confiance très-restreinte et se formulant, pour quelques
paris peu nombreux, seulement par la proportion
de 15 et 20/1.

Cet état de choses se maintint sans aucune variation pendant toute la soirée du samedi, et l'on avait

seulement acquis la certitude que *Todleben* repré-
senterait seul la concurrence anglaise, sa place dans
le Derby ne pouvait faire supposer qu'il pût être un
adversaire très-redoutable. Chacun des concurrents
s'affermit donc dans la position qu'il occupait précé-
demment ; et il se fit, à vrai dire, très-peu d'opérations importantes. Plus le moment approchait, plus,
d'après le récit des personnes qui avaient assisté
à la course, il paraissait évident que *Gladiateur*
gagnerait dans un galop d'exercice. La presse anglaise nous avait d'ailleurs déjà fait pressentir la
venue de l'un de ces chevaux extraordinaires, pour
lesquels il n'existe pas de comparaison possible.

Jamais sur aucun hippodrome on n'avait vu en
France une semblable assistance ; avant et pendant
les trois courses qui précédèrent le Grand Prix de
Paris, une suite de voitures non interrompue et sans
cesse renouvelée couvrait la route qui mène aux
tribunes, un nombre incalculable de spectateurs
occupait les alentours de la piste dans toute son
étendue. Le chiffre de la recette a notablement dépassé celui de l'année précédente à la même course,

et atteint pour la première fois la somme de cent vingt-sept mille francs. Ce résultat prouve à quel point le but et l'intérêt de cette grande lutte ont été compris par le public. Le Grand Prix de Paris est aujourd'hui une institution nationale et ne saurait disparaître, la force des choses le maintiendra.

Un vif sentiment de curiosité se manifesta dans l'enceinte du pesage, lorsque l'arrivée de *Gladiateur* fut annoncée. Il n'y a aucune exagération dans la description que nous en ont donnée les feuilles anglaises : on le reconnaît sans l'avoir vu, tant son aspect diffère de celui des chevaux qui l'entourent. Si *le Mandarin* est la reproduction de *Monarque* en miniature, *Gladiateur* en est l'exagération, son frère à côté de lui ressemble à un yearling. L'œil ne peut plus se détacher de lui, dès qu'il s'y est fixé; aucune description ne saurait en donner une idée, jamais un sportman ne s'est absorbé dans la comtemplation d'un plus splendide animal. Nous avons bien entendu prononcer autour de nous les mots de jardon, d'attache de reins un peu molle. Nous sommes plus enthousiaste de la vraie beauté et nous

ne nous inquiéterons pas de savoir si la Vénus de
Médicis a un cor aux pieds. Comme nous le disions
plus haut, il n'y a aucun terme de comparaison pour
définir *Gladiateur*, ni *Vermout*, ni *Fille-de-l'Air*,
ni *la Toucques*, ce n'est rien de tout cela, *Gladiateur* est *Gladiateur*, à côté de lui les autres ne sont
pas.

Plus on le regarde, plus on l'admire : tout chez
lui respire la puissance, la force, la légèreté, la
douceur et le courage ; l'on ne peut s'empêcher de
se rappeler, en l'examinant, cette phrase emphatique
d'un chef arabe montrant son coursier favori à un
étranger et lui disant : *Regarde et rassasie tes yeux.*
Grand, plus grand encore que son père, son épaule,
d'une longueur et d'une inclinaison gigantesques,
s'enfonce sous la selle, et est cependant séparée des
hanches par une longueur dont on ne peut se faire
une idée. Contrairement à tous ses frères, l'arrière-
main, peut-être un peu dépourvue de chair, en raison de la condition sévère où il se trouve, est remarquablement musclée ; les avant-bras sont énormes.
En lui transmettant cet air de grande race et de

haute distinction dont il a le privilége, *Monarque* ne lui a pas donné la légèreté peut-être un peu exagérée de son squelette. L'ossature de *Gladiateur* est remarquable, ses articulations irréprochables, avec ses leviers d'une si remarquable puissance, rien à porter. On sent que, pour un pareil cheval, il n'existe ni poids ni distance; il galope comme un oiseau vole, ou comme un poisson nage. Nous ne parlons pas de cette longue encolure de cygne, de cette tête fine et intelligente; il ne serait pas fils de son père, s'il ne les possédait pas.

A *Monarque* seul appartenait le droit de faire meilleur et plus beau que lui-même. Nous avons entendu dire qu'un seul cheval, en Angleterre, *The Duke*, était peut-être en état de forcer *Gladiateur* à se mettre sur ses jambes : cela est possible, mais nous ne croyons pas que celui qui le battra soit encore sorti du ventre de sa mère.

Après l'opération du pesage, la cloche a vainement retenti, pendant dix minutes, sans réussir à rendre la piste libre, tant l'arrivée du vainqueur du Derby était attendue avec curiosité. Enfin, pour éviter pro-

bablement l'encombrement que l'enthousiasme de
la foule aurait fait autour de lui, la porte du pesage
s'est ouverte pour donner passage aux six concurrents qui sont entrés ensemble. *Todleben* s'avançait
en tête, *Gladiateur* et *le Mandarin* venaient ensuite, *Vertugadin* et *Tourmalet* les suivaient, *Gontran* fermait la marche. La condition de ce dernier
était admirable, et on ne pouvait le désirer mieux.
Mais, soit que son mauvais moral ne puisse supporter
un état de tension aussi rigide, soit qu'il fût surex-
cité par le bruit et le mouvement, *Gontran* paraissait
hors de lui; son jockey pouvait à peine le tenir en
prenant son canter, et dès le début de la course, il
fut facile de voir qu'il se battait lui-même : il a mal
couru, nous n'en accusons pas sa qualité, qui est positive, mais son mauvais caractère qui le paralyse dès
qu'il se trouve avec aussi bon que lui, à plus forte
raison quand il rencontre meilleur.

L'habileté de C. Pratt n'a pas besoin d'être défen-
due. Mais aucun jockey au monde n'aurait pu
en tirer meilleur parti. Fordham, qui passe à bon
droit pour un des plus forts, disait après la course

qu'il ne se soucierait pas beaucoup de monter un semblable tireur. Cette circonstance a peut-être modifié sa place à l'arrivée, mais n'aurait en rien pu altérer le résultat de la course, car pas plus lui qu'aucun autre n'était en état de venir à la croupe de *Gladiateur*. Ce dernier n'est pas un cheval de première classe, c'est un animal hors ligne et exceptionnel.

Todleben nous a paru en bon état, et *Tourmalet*, comme toujours, a couru avec un grand courage. *Le Mandarin* partait seulement pour tenir compagnie à *Gladiateur*. Il est impossible de faire aucune remarque sur chacun d'eux, ils étaient tous écrasés par une aussi éclatante supériorité. Comme l'ont très-justement dit les journaux anglais, dès que *Gladiateur* galope, tous les autres chevaux ont l'air arrêtés.

Il est cependant impossible de passer sous silence la course très-remarquable de *Vertugadin*. Le frère de *Vermout* est né et fait pour être un cheval de premier ordre. Son mauvais vouloir l'a seul, jusqu'ici, empêché de démontrer sa qualité, il a fallu à son entraîneur une excessive prudence pour l'amener à se comporter aussi bien. Mais c'est un cheval dangereux pour son propriétaire; il était probablement à sa vraie place : il ne serait pas impossible qu'intrinsèquement parlant il fût le meilleur cheval de l'année, loin, très-loin bien entendu après *Gladiateur*, mais celui-ci n'est pas classable.

Dès le départ, *Tourmalet* et *Vertugadin* démontrèrent l'intention de forcer le train et probablement de faire la course avant l'arrivée. *Gontran* les suivait malgré son jockey. Mais C. Pratt parvint à s'en rendre maître et à le ramener auprès des deux chevaux de M. le comte de Lagrange; il eût peut-être mieux valu le laisser aller, car dès qu'il fut maintenu, il s'épuisa tout à fait en se battant contre son mors.

Gladiateur, soit pour renouveler devant un public français sa course extraordinaire d'Epsom, soit appréhension du terrain, excessivement dur, en dépit de toutes les précautions prises pour le maintenir en bon état malgré la sécheresse, laissait aller *Vertugadin* et *Tourmalet*, sans plus s'en occuper que s'ils n'étaient pas dans la course. Il galopait de conserve avec *Totleben* et *le Mandarin*; *Gontran* courait entre les deux pelotons, se démenant comme un démon. *Vertugadin* et *Tourmalet* faisant toujours un jeu désespéré, prenaient une avance considérable et arrivaient entre les deux derniers tournants, sans que rien annonçât que cette position dût se modifier. *Gladiateur*, toujours calme et tranquille, paraissait ignorer que deux de ses adversaires étaient à vingt longueurs devant lui : une poignante émotion a dû s'emparer de son propriétaire, et nous avouons l'avoir partagée, car après avoir admiré un aussi remarquable animal, nous ne nous serions pas consolé de le voir battu. Enfin une clameur immense annonça qu'en arrivant dans la ligne droite un changement grave se produisait dans l'ordre des concurrents : effectivement, sans même faire un effort, *Gladiateur*, en trois bonds, dépassait tous ses adversaires ; les autres paraissaient immobilisés par une baguette magique à la place où ils se trouvaient; jamais nous n'avions vu un cheval couvrir un aussi prodigieux espace, et se porter aussi loin à chacun de ses bonds, avec une aussi merveilleuse facilité. En le regardant, on reste confondu d'une puissance si extraordinaire.

M. le comte de Lagrange dut éprouver un juste sentiment d'orgueil en présentant lui-même *Gladiateur* à S. M. l'Empereur, car jamais éleveur n'a obtenu un semblable succès et touché de si près la perfection.

Le terrain du bois de Boulogne a 66 hectares environ de superficie, il est borné à l'est par le bois de Boulogne, à l'ouest par la Seine, au sud par le village de Boulogne, et au nord par la route qui longe le moulin de la Galette. Il est entièrement gazonné, et les soins les plus intelligents améliorant d'année en année sa nature primitive, il est devenu à peu près parfait. Il est entouré de deux côtés par une jolie rivière élégamment dessinée, et fermé par un saut-de-loup du côté du village de Boulogne, le quatrième côté est bordé par la route qui longe le bois, donnant accès sur le terrain même des courses.

Deux pistes ont été tracées : l'une de 1,900 mètres oblongue, dans le sens de la rivière, l'autre de 3,000 mètres environ, prolongée sur les grands côtés de la première.

Au départ, le premier tournant, un peu rapproché, semble court quoique meilleur que celui de Chantilly ; après le second tournant le terrain s'élève par une pente sensible presque jusqu'à l'extrémité de cette ligne, on redescend ensuite et, depuis le dernier tournant jusqu'au poteau d'arrivée, la ligne directe est de 8 à 900 mètres.

Les tribunes sont adossées à la rivière, situation commandée par la direction du soleil, elles ont un développement total de 240 mètres, et sont divisées en cinq bâtiments distincts, pouvant contenir environ cinq mille spectateurs. La tribune de l'Empereur, placée au centre, est bâtie avec beaucoup de luxe et de goût dans le style des constructions du bois de Boulogne. Les deux grandes tribunes de l'enceinte, à droite et à gauche de celle de l'Empereur, peuvent fournir chacune près de 800 places assises, et contenir un nombre infini de curieux sur les plates-formes et dans l'espace qui sépare les gradins de la piste. Elles sont construites en pierres de taille, briques, bois de chêne et fonte. Du côté de la piste elles ont sept gradins intérieurs, trois extérieurs et un talus prolongé jusqu'à la grille qui borde la piste. Du côté de l'enceinte, qui est très-vaste et qui forme un jardin délicieux, se trouvent le salon des dames, le salon du comité, les salles de pesage, de paris, et celle du buffet. Enfin les escaliers qui conduisent aux places intérieures et supérieures.

Les plates-formes, qui couronnent ces constructions, ont été très-heureusement disposées en gradins, de telle sorte que, quelque soit le nombre des spectateurs, il n'en est pas un qui ne puisse voir parfaitement la course. Les grands pavillons extérieurs sont dans le même style que les tribunes de l'enceinte, avec la même élégance, mais sans galerie supérieure. Ce qui frappe dans ces constructions dues à MM. Bally et Davioud, architectes de la ville de Paris, c'est l'intelligence pratique avec laquelle elles ont été élevées. Il pourrait y avoir des

appréciations diverses sur la partie artistique de
l'ouvrage, il n'y en peut pas avoir sur la facilité de la
circulation et sur les bonnes dispositions prises pour
qu'on puisse bien voir de toutes les places. Ces deux
problèmes difficiles et les plus importants ont été
complétement résolus. L'enceinte des courses est
vaste, bien dessinée, de larges routes, débouchant
de tous côtés, y conduisent sans encombrement
possible; tout a été prévu, tout a été réglé d'a-
vance.

Lorsque placé au centre des tribunes on voit cette
immense prairie fuyant vers le bois de Boulogne,
à gauche, le moulin si pittoresque de la *Galette*,
la maison du garde si coquettement construite, dans
le fond, la cascade féérique, rendez-vous des pro-
meneurs, à droite, le magnifique château du baron
de Rothschild; en arrière, les nombreux châlets
placés entre les tribunes et la Seine, au delà de la
rivière, le mont Valérien, et tout autour les coteaux
ravissants de Meudon, Bellevue, Saint-Cloud; les
yeux ne peuvent qu'avec peine se détacher de ce
délicieux spectacle.

Nous avons parcouru tous les terrains de courses existant en France et en Angleterre, nous pouvons le dire avec la certitude de ne pas être démntie : il n'y a rien qui soit, comme situation, comparable au terrain du bois de Boulogne.

BADE

Les réunions d'Epsom, de Chantilly et de Bade composent une grande trilogie hippique en Europe, qui les résume toutes par leur mérite technique non moins que par la vogue qui s'y rattache.

Bade est une création moderne due à la très-intelligente initiative de M. Edouard Benazet. Il comprit avec une merveilleuse sagacité de quelle importance pouvait devenir une fondation de cette nature placée dans un centre aussi fréquenté et une orientation aussi heureuse pour le touriste.

Au mois de janvier 1858, l'idée de cette création a été arrêtée; en février, l'emplacement a été choisi et au mois de mars l'architecte s'est mis à l'œuvre. Moins de six mois ont suffi aux longues conférences préalables que nécessitait cette grande entreprise, à l'aménagement du terrain, à la construction des tribunes.

Le champ de courses est posé dans une prairie communale avoisinant le village d'Ifferzheim, à une lieue de la station d'Oos, centre de convergence de plusieurs lignes de fer allemandes venant du nord, du sud, de l'est et de France.

Ifferzheim est à deux petites lieues de Bade.

La vaste plaine où est situé le champ de courses a été vraisemblablement laissée à nu par le retrait des eaux du Rhin, lorsque le fleuve, dans les tumultueux caprices de son parcours, a pris possession de son lit actuel.

Cette plaine, malgré l'étendue de son horizon, est d'une configuration parfaitement ovale, dessinée par une ligne d'amphithéâtres naturels dont l'élévation est de plus de quarante pieds, et ffrant à plus de 50,000 spectateurs, sur leurs plateaux pittoresques, un observatoire commode pour assister au spectacle des courses.

Tout ce médaillon est encadré de beaux accidents de campagne, épais rideaux de bois, montagnes bleuâtres dont les teintes se modifient selon leur éloignement : ici la forêt de Rastadt, plus loin les premières ondulations des terrains qui dominent la riante vallée de Bade; d'un autre côté, la masse sourcilleuse des montagnes de la forêt Noire; des profils effilés, dans lesquels les regards se plongent sans atteindre distinctement au bout de l'horizon; des éparpillements de villages d'un aspect idyllique et calme. Pays de rêve et de sérénité auquel rien ne saurait être comparé, si ce n'est quelques rares paysages d'Italie, à cela près toutefois de la fraîcheur vive et tendre, du sentiment de bien-être et de confort qu'éveille involontairement en nous l'aspect de cette campagne du beau duché de Bade.

Une petite rivière, la Muhlbach, traçait naturellement la direction de la piste du nord au sud; c'est près de ce cours d'eau que, sur l'avis de M. Benazet, il fut décidé qu'on élèverait les bâtiments du champ de course et leurs dépendances.

La prairie affectée à cette installation est d'une contenance de 40 hectares. Elle a été affermée à perpétuité par l'administration Benazet, qui a fait l'acquisition de la partie du terrain où les tribunes sont érigées.

Ces bâtiments sont l'œuvre de MM. Beelzer frères, architectes de Bade et de Rastatd. M. Dillon, l'un des rédacteurs du journal *le Sport*, a prêté son utile concours à M. Emile Dupressoir, délégué de M. Benazet, dans la recherche et le choix du terrain. Le tout exécuté sous le contrôle de MM. Reiset, Mackensie-Grieves et le baron Gensau, secondés par M. Grandhomme, secrétaire du Jockey-Club de Paris, lesquels ont également concouru à la partie réglementaire de cette fondation.

Il y a trois tribunes; elles correspondent à ce qu'on nomme en Angleterre *the grand stand*, tribune du public; *the Jockey-Club stand*, tribune des privilégiés; *the Royal stand*, tribune des princes. Ces tribunes sont échelonnées de manière à ce que celle des princes se trouve à 10 mètres de la piste, la tribune des privilégiés à 20 mètres, celle du public à 30. Cette disposition permet aux personnes qui les occupent de voir très-distinctement, et sans se gêner mutuellement, l'arrivée des chevaux.

Les trois tribunes forment trois pavillons de style similaire, et, comme nous venons de le dire, de dimension variée. La première est destinée au grand-duc de Bade, avec son estrade couverte, ses élégantes colonnettes, sa salle des gardes et ses croisées en meurtrières; elle est surmontée d'un belvédère.

La seconde, un peu plus vaste que celle de S. A. R., réservée à MM. les membres du Jockey-Club, est également surmontée d'un belvédère, et sa terrasse en amphithéâtre contient plus de 200 places.

La troisième est la tribune aux grandes dimensions; elle est aussi surmontée d'une terrasse en amphithéâtre et de deux belvédères où flotte le drapeau badois, d'un aspect si frais et si riant; elle a dans son ensemble un véritable caractère de fantasticité. Les nuances vives et tendres des peintures qui les décorent extérieurement concourent à leur donner une physionomie charmante dans les teintes qu'affecte avec prédilection le pinceau de Gérôme; plus loin, sur la gauche, se trouvent les dépendances des bâtiments de courses, l'écurie des courses et les boxes.

Tribunes, écuries et promenoirs sont renfermés dans une seule et vaste enceinte.

La salle de pesage, celle des jockeys et les bureaux sont installés au rez-de-chaussée de la petite tribune.

La substitution d'une balustrade à la corde, en face des tribunes et de l'enceinte du pesage, a été faite à l'instar des principaux champs de courses en Angleterre et de celui de Paris.

L'emplacement des tribunes, qui a été décidé par les exigences du terrain, est cause que les chevaux courent à gauche, et non pas à droite, sur cet hippodrome. Au surplus, sur les trois quarts des champs de courses en Angleterre, la chose se pratique ainsi, et par conséquent cette disposition ne peut offrir un inconvénient grave. La piste est composée de deux terrains très-différents : l'arrivée est excellente, très-élastique, et ressemble assez à celle de Chantilly.

Elle a près de 500 mètres de long. D'autres parties sont légèrement marécageuses, et ont requis de grands travaux pour lui donner son mérite actuel.

L'inauguration de ce champ de courses est une des brillantes pages dans les annales du turf. Elle s'est faite le dimanche 5 septembre 1858. Qu'on se figure une journée splendidement transparente, un ciel bleu, mais sans rigidité, des massifs d'arbres d'un vert saisissant, une prairie vert-pomme dont pas un brin d'herbe n'a souffert du hâle; une longue suite de barrières blanches traçant les limites de la piste, la foule massée sur le terrain de courses, les tribunes regorgeant de monde aux premières places, d'élégantes toilettes, un vrai tournoi de toilettes cosmopolites; dans les tribunes du Jockey-Club, d'excellents spécimens de l'élégance française, si simple, si correcte.

Dans la tribune ducale se trouvaient une Majesté et trois Altesses Royales :

S. M. le roi de Wurtemberg;

Le duc de Saxe-Cobourg,

Le prince Nicolas de Nassau,

Le prince de Leiningen.

Le turf anglais était représenté par MM. le duc de Beaufort, lord Walpole, major Yatt, capitaine Longford, capitaine Seymour, capitaine Haworth.

Le turf français par MM. le vicomte Paul Daru, le comte F. de Lagrange, Lupin, Schickler, le baron Vivien, le vicomte A. de Lauriston, Fasquel, de Prado, le vicomte de Saint-Roman, le duc de Caderousse, Reiset, le baron Finot, Mackensie-Grieves, de Silveira, Mosselman, le comte de Louvencourt, Benoît Champy.

Le turf allemand par MM. le comte Hahn, le comte Waldstein, le comte Wilamowitz Mollendorf.

Parmi le monde de l'enceinte du pesage : M. et madame Dollfus, M. et madame Rumbold, née princesse de Labanoff; le prince et la princesse Troubetskoy, le marquis de Durfort, le duc de Richelieu, le baron de Barace, M. Peran Doyle, ministre du Mexique; M. de Tuyll, le général comte de Bourjolly, le comte Potocki, le duc de Zagora, le prince Menchikoff, le duc de Caylus, le comte Holopius, le prince et la princesse de Hohenlohe OEringa, le marquis Duchatel, le prince de Croy, M. et madame Bristed, Henry Barring, membre du Parlement, et madame Baring, née russe ; madame Rimsky-Korsakow, madame Dorblad, le comte de Kisseleff, ancien ministre de Russie en France ; le prince Radzywill, le baron de Gensau, la princesse Butters ; MM. Martin Coster, Paul Caillard, Irrison, de Putlitz, duc de Terra-Nova, de Wirth, duc de Forli, Abel de Berlin, Basilewsky, Koeklin, Nicolas Moreau, Goudchaux, le comte Harrach, M. et madame de Girardin, et un grand nombre d'écrivains de la presse spéciale venus de toutes parts.

Il est peu nécessaire d'ajouter que nous n'indiquons ici que quelques noms dans une assemblée de plus de 5,000 personnes, toute composée d'élégantes et de brillantes individualités.

On sait ce qu'est Bade vers la période avancée de sa saison : un pays enchanté et un Panthéon vivant de célébrités de toute nature. Or, Bade, le jour de l'inauguration, avait déployé toutes ses grâces, sa magic et sa magnificence.

Au surplus, cette première journée de courses a laissé une si vive impression dans la mémoire de tous ceux qui y ont assisté que M. Benazet a voulu la matérialiser à l'aide de la peinture, de manière que ce souvenir pût résister à l'action du temps et vivre encore après nous. Cette journée a été repro-duite par un tableau spécial qui lui-même s'est multiplié à l'aide de la gravure.

Sur le premier plan, le groupe de personnages représente, à droite, le vicomte P. Daru, M. Reiset, M. Arthur Schickler, le baron de Greuzot et M. Grand-homme, secrétaire du Jockey-Club, recevant une communication de M. le vicomte P. Daru.

A gauche se trouve M. le baron Nivière et M. de Prado, M. Emile Dupressoir, M. Jules Leroux, le duc de Gramont-Caderousse.

Au second plan, MM. Lupin, Bagé, Paul Caillard, le major Yatt, le duc de Terra-Nova, M. de Saint-Roman, le capitaine Longford, le vicomte de Lauris-ton.

Ailleurs, M. Benazet, le créateur de ces cour-ses, le baron Allouard, M. Dollfus père, M. Dollfus fils, M. Martin Coster, M. Irrison, le comte Frédéric de Lagrange, M. Eugène Chapus et M. Dillon.

Sur la piste on reconnaît, parmi les chevaux qui vont prendre leur galop d'essai, *la Maladetta, Goëlette, Gouvieux, Diamant, Ventre-Saint-Gris, Zouave, Duchesse, Verzug.*

M. Mackenzie-Grieves est là, monté à cheval, le drapeau à la main, et prêt à donner le signal du départ.

Le programme de cette réunion comportait trois journées : dimanche 5, mercredi 8 et dimanche 12.

Première journée.

PRIX DE LA FAVORITE : 1,000 fr., pour chevaux nés dans le grand-duché ou y ayant résidé depuis le 1er janvier 1857. 2.000 mètres. Entrée, 50 fr.

Amazone, jument âgée. 61 kilogr. et demi, à M. le baron de Gemmingen, a couru seule.

PRIX CONTINENTAL: 3,000 fr., pour chevaux de trois ans et au-dessus, nés et élevés sur le continent. 3,200 mètres. Onze chevaux engagés. Entrée, 100 fr.

Acajou, à M. le comte de Lagrange............... 1

HANDICAP LIBRE : 2,500 fr., pour tous chevaux de tro's ans. Entrée, 20 fr. 2,200 mètres. Huit chevaux engagés.

Mathilda, pouliche baie, à M. le baron de Nivière.. 1

PRIX DE FRANCE : 5,000 fr., pour chevaux de trois ans, nés en France. Entrée, 150 fr. 2,400 mètres. Vingt-sept chevaux engagés. Dix-neuf ont déclaré forfait.

La Maladetta, à M. Lupin...................... 1

COURSE DE HAIES : 1,000 fr. Entrée, 100 fr. 2,200 mètres.

Miss Gladiator, à M. Fasquel, montée par Couch-man.................................... 1

Deuxième journée.

PRIX DE CARLSRUHE (gentlemen's riders) : 2,000 fr., pour tous chevaux servant habituellement pour la chasse ou le service militaire. Le gagnant sera réclamé. Entrée, 50 fr. Poids, 75 kilogr. 2,000 mètres.

Jenny, jument baie, âgée, à M. le capitaine de Klendgen, (le propriétaire)..... 1

POULE DE HACKS (gentlemen's riders) : 500 fr., pour tous chevaux n'ayant pas été dans une écurie d'entraînement. Entrée, 100 fr. Poids, 70 kil. 1,500 mètres.

Margery Moorpool, jument baie, à M. le capitaine Haworth (le propriétaire)............................. 1

PRIX DES DAMES (gentlemen's riders) : 1,500 fr., pour tous chevaux. Entrée, 100 fr. Le gagnant sera à réclamer pour 6,000 fr. 2,400 mètres.

Greencastle, cinq ans, à M. de Montgomery (le duc de Caderousse)............ 1

PRIX D'IFFERZHEIM : 2,500 fr., pour chevaux de trois ans et au-dessus, nés ou élevés sur le continent. Entrée, 100 fr. Le second recevra 500 fr. 2,200 mètres.

Goëlette, pouliche baie, par *John*, 45 kilogr. et demi, à M. le baron de Nivière (A. Watkins)............... 1

PRIX DE LA VILLE DE BADEN (Handicap) : 4,500 fr., pour chevaux de trois ans et au-dessus. Entrée, 200 fr., 4,000 mètres. (Vingt-deux chevaux engagés.)

Gouvieux, poulain bai, par *The Baron*. Trois ans, 54 kil. et demi (Morrison)............................. 1

DEUXIÈME COURSE DE HAIES: 1,000 fr., par tous chevaux. Entrée, 100 fr. Poids commun, 67 kil. et demi, 3,000 mèt.

Miss Gladiator, jument baie. Six ans, 72 kil. et demi, à M. Fasquel (Couchman) 1

Troisième journée.

PRIX D'EBERSTEIN (Handicap): 2,000 fr., pour tous chevaux de trois ans et au-dessus. Entrée, 100 fr., moitié forfait. 2,400 mètres. 14 chevaux engagés.

Mathilda, pouliche baie, par *Elthiron*. Trois ans, 50 kil., à M. le baron de Nivière (C. Pratt) 1

PRIX DE SANDWEIER : 1,500 fr., pour tous chevaux de trois ans et au-dessus, nés et élevés sur le continent. Entrée, 50 fr. 2,200 mètres.

Acajou, à M. le comte F. de Lagrange (Spreoty)..... 1

GRAND PRIX DE BADEN : 14,000 fr., pour tous chevaux de

trois ans et au-dessus. Entrée, 500 fr., 300 fr. de forfait, et 200 fr. de forfait s'il est déclaré. Le second recevra 1,000 fr. 3,200 mètres. Quinze chevaux engagés; trois ont déclaré forfait.

La Maladetta. Trois ans, 43 kil. et demi, à M. Lupin (G. Pratt)... 1

PRIX DE CONSOLATION : 1,500 fr., pour tous chevaux de trois ans et au-dessus, nés et élevés sur le continent, ayant couru à Baden en 1858 sans gagner ni avoir été second. Entrée, 50 fr. 2,000 mètres. Deux chevaux engagés.

Martel-en-tête, poulain bai. Trois ans, à M. Schickler (G. Mann)... 1

Dans le grand prix de Bade, huit chevaux sont partis. On avait annoncé qu'un cheval d'un certain mérite, *Borderer* courrait pour ce prix, dans lequel se trouvaient engagés *la Maladetta, Goëlette, Gouvieux, Verzug,* cheval allemand, *Diamant, Duchesse, Ventre-Saint-Gris, Zouave, Furens,* de plus. *Potocki* et *Charlatan,* qui ont déclaré forfait. Jusqu'au dernier moment la plus grande incertitude régnait à l'égard de *Borderer.* Le cheval allemand, après quelques jours de disgrâce, *Verzug,* a été plus en faveur que jamais au moment du départ, et les qualités hors ligne qu'on lui attribuait excitaient autant d'intérêt parmi le public que de crainte parmi les propriétaires de ses adversaires; il était décidément premier favori au moment du départ. *Verzug* (beau cheval, mais qui était évidemment trop en chair pour les connaisseurs), a été battu au bout de 2,000 mètres;

Goëlette est partie en tête, suivie par *Maladetta* (seconde), *Verzug* (troisième) et *Gouvieux* (quatrième); puis venaient *Diamant, Ventre-Saint-Gris* et *Duchesse,* et en dernier lieu *Zouave.* En abordant les tribunes pour la première fois *Verzug* avait pris la seconde place; *la Maladetta,* retenue, était devenue troisième, et *Diamant* dépassant *Gouvieux* avait pris la quatrième place.

En passant devant les tribunes. tous les chevaux étaient espacés, *Goëlette* ayant trois largeurs d'avance après avoir fourni 2,000 mètres (en face des tribunes); *Diamant* est devenu second, ayant dépassé *la Maladetta* et *Verzug,* et celui-ci, perdant graduellement du terrain, était hors de la course à l'avant dernier tournant. Au dernier tournant, *Diamant* était également battu, *la Maladetta* a été se replacer à côté de *Goëlette*, et une lutte sérieuse s'est engagée entre ces deux pouliches qui s'étaient complétement détachées du peloton ; à 200 mètres du but, *Goëlette* paraissait avoir le dessus, mais au poteau de distance *la Maladetta* a repris, et répondant à la cravache dans les dernières foulées, elle est arrivée après une course magnifique, la première d'une encolure. *Gouvieux*, médiocre troisième, à quatre longueurs de *Goëlette*, et devançant de trois longueurs *Diamant* et *Zouave*, quatrième et cinquième ; puis venaient *Ventre-Saint-Gris* et *Duchesse*, et le cheval allemand arrêté est arrivé le dernier.

Les courses se sont depuis quelques années étrangement modifiées, en France. Se débarrassant brusquement des mesures prohibitives, dont une prudente prévoyance les avait entourées à leur début, elles se sont tout à coup trouvées assez fortes pour appeler la concurrence anglaise qu'elles avaient jusque-là timidement affrontée. Les conséquences de ce nouvel état de choses n'ont pas tardé à se faire sentir. Le prix du Jockey-Club et le Derby ont dans chacun des deux pays perdu (en partie du moins) l'autorité d'un résultat définitivement acquis. Le Grand Prix de Paris est devenu aujourd'hui le critérium où les produits de l'année doivent venir chercher la consécration de leur qualité absolue, ou perdre le prestige d'une valeur purement comparative.

Là ne doit pas s'arrêter cette transformation, le temps n'est pas loin où les chevaux anglais, dont la supériorité a cessé d'être absolument incontestable, ne pourront plus se borner à attendre que l'on vienne la leur disputer chez eux, et seront forcés de la défendre sur les terrains continentaux.

La réunion d'Ifferzheim, dont l'esprit semble tout entier inféodé dans les conditions du grand prix de Bade, est désignée d'avance comme le théâtre de ces grandes luttes internationales, et deviendra forcément la contre-épreuve des deux journées d'été à Paris.

Le grand prix de Bade, en 1864, peut être considéré comme l'avant-coureur de ce nouvel ordre de choses. Si l'on a eu à regretter l'absence de tout concurrent anglais, cette lacune est beaucoup moins sensible aujourd'hui, où les distinctions établies entre les différentes nationalités des chevaux de pur sang tendent de plus en plus à disparaître, et, en voyant figurer dans cette course le vainqueur du Grand Prix de Paris, celui des *Oaks* et enfin celui de *Goodwood-Cup*, l'on ne peut pas dire que l'élite des chevaux de courses existants n'y était pas représentée.

Contrairement à ce qui se passe d'ordinaire, cependant, le plus grand intérêt de la réunoin de Bade se trouvait, en 1864, concentré sur le grand Saint-Léger continental. Des doutes sérieux existaient depuis le Grand Prix de Paris, sur l'exactitude positive de son résultat, et la revanche de *Fille-de-l'Air* et de *Vermout* était appelée à décider cette question très-controversée.

Un silence, nous osons à peine dire un recueillement général s'était emparé de toute l'assistance à l'entrée des deux rivaux sur le terrain, et jamais course n'a été suivie avec un intérêt plus nerveux. Dès le début, cependant, la chance tournait en faveur de la jument. *Vermout,* sur la vitesse duquel on paraissait peu compter, essayait vainement de profiter de la puissance de sa grande allure, pour mettre la pouliche dans l'impossibilité de se trouver auprès de lui à l'arrivée. *Fille-de-l'Air* le suivait sans peine. Un léger écart au premier tournant fit perdre à *Vermout* l'avantage des deux longueurs qu'il avait prises au départ, et, en face les tribunes, il devint à peu près évident que la fortune se déclarait contre lui. Il cherchait à augmenter le train, sans réussir à se débarrasser de sa rivale qui courait toujours légèrement derrière lui. Effectivement, en arrivant dans la longue ligne droite d'Ifferzheim, *Fille-de-l'Air* avait le dessus, et *Vermout* ne lui opposait plus qu'une énergie impuissante. L'on ne saurait cependant dire que la victoire de la jument de M. le comte de Lagrange ait été aisée; mais, entre champions d'un aussi grand ordre, le succès d'aujourd'hui ne saurait garantir celui de demain.

Quelques jours plus tard, *Vermout* prenait sa revanche dans le grand prix de Bade avec un avantage de six livres, il est vrai, pour venir de nouveau démentir cette revanche dans le prix du Prince impérial à Paris.

La création de Bade, reliée aux réunions de Paris et de Chantilly, complète donc un ensemble unique sur le continent, et dont l'importance ne peut que s'augmenter chaque année.

Cette prospérité des réunions hippiques de Bade est due à des causes non moins nombreuses que sûres dans leurs effets. En premier lieu, à la haute intelligence et à la libéralité princière qui les dirigent. En effet, la valeur des prix affectés à ces courses a été presque doublée dès la seconde année de leur création. Ces prix, en 1858, époque de leur inauguration, s'élevaient à 65,290, et ils forment aujourd'hui un ensemble de plus de 114,750.

Voici quel a été leur accroissement successif :

	Montant des prix sans entrées et forfaits.	Montant des prix avec entrées et forfaits.
1858	Fr. 50,000	Fr. 65,290
1859	— 51,800	— 73,840
1860	— 60,450	— 87,340
1861	— 61,100	— 88,050
1862	— 70,450	— 106,900
1863	— 76,450	— 101,955
1864	— 77,250	— 114,750
1865	— 83,250	

L'histoire des courses de Bade peut se résumer

par le simple tableau des chevaux qui y ont été successivement engagés. L'importance numérique d'une part, et de l'autre la nationalité des lutteurs, établissent la raison d'être et expliquent le succès de l'hippodrome d'Ifferzheim.

	CHE-VAUX.	FRAN-ÇAIS.	ALLE-MANDS.	AN-GLAIS.	ITA-LIENS.
1858. Étaient engagés....	137	115	14	8	—
1859. Étaient engagés....	151	113	22	14	2
Poule des Produits..	87	55	26	—	6
1860. Étaient engagés.....	154	113	35	6	—
Poule des produits..	48	32	16	—	—
Steeple-chase	13	6	5	2	—
1861. Étaient engagés....	168	125	15	18	10
Poule des produits..	69	41	19	—	9
Steeple-chase.......	21	10	5	6	—
1862. Étaient engagés....	245	180	43	13	9
Poule des produits..	66	37	18	—	11
Steeple-chase	15	8	6	1	—
1863. Étaient engagés.....	312	235	34	22	21
Poule des produits..	60	39	10	—	11
Steeple-chase	8	4	2	2	—
1864. Étaient engagés....	264	184	41	13	26
Poule des produits..	38	24	14	—	—
Steeple-chase.......	15	6	5	4	—

Bade, en outre, on le sait, est une localité exceptionnellement favorisée. Elle l'est, et de par la nature et de par l'heureuse organisation de ses fêtes : elle a reçu avec justesse le surnom de la *Reine des Eaux*. On pourrait l'appeler, avec non moins de rai-

son , la *Fée* des eaux , la *Waterwitch*, selon l'expression anglaise ; car elle réunit dans l'ensemble des
éléments de sa vie de loisir tout ce qu'on peut rêver
de plaisirs. Quand on a vu Bade, on y revient, non
pas une fois, mais vingt, mais toujours : c'est un
lieu, disait un homme d'esprit, où *l'on ne meurt que
de jeunesse.* On y vit bien, et l'on peut y réaliser non-
seulement la vie dans ses proportions les plus larges,
mais aussi la vie douce et calme , la vie même éco-
nomique, en ce sens que les fêtes et les amuse-
ments, conduits par l'initiative de la plus charmante
et de la plus aimable courtoisie, ne manquent jamais
d'accourir au-devant des visiteurs de quelque notoriété, et de saluer leur bien-venue. Pour le sportman,
aussi bien que pour le touriste homme du monde,
Bade est un Eldorado. On y va , non-seulement pour
ses fontaines thermales, ses bals, ses concerts, ses
raouts, ses délicieuses promenades, ses fêtes, ses
paysages, son bien-vivre, ses tapis verts, ses belles
journées de course, mais pour chasser et pour pê-
cher. Le gibier de plaine et de bois, dans la vallée
de Bade, est d'une abondance inouïe, et la pêche

est très-riche, soit à Wilbade, soit à Gernsbach, soit
dans la Mourg, dont la pêcherie relève de M. Edouard
Benazet. Avoir vu Bade et ne plus le voir, disait un
Anglais de nos amis, *c'est le paradis perdu :
Paradise lost* [1] *!*

1. Voir note C, p. 191.

NOTES

NOTES

EPSOM

Note A (p. 25).

Hon. amiral Rous
C. Alexander, esq.   } *Commissaires.*
W Ch. Craven, esq.
S. A. R. le prince de Galles.
S. M. le roi de Hollande.
S. A. R. le prince d'Orange.

Le marquis d'Ailesbury.
Caledon Alexander, esq.
Marquis d'Anglesy.
Earl of Annesley.
Frédéric Barne, esq.
Count Batthyany.
S. R. Batson, esq.

Duc de Beaufort.
Earl of Bessborough.
J. Bowes, esq.
Sir R. W. Bulkeley, esq.
Earl of Chesterfield.
Vicomte Clifden.
Marquis de Conyngham.

Lord Courtenay.
Earl of Coventry.
W. G. Craven, esq.
W. S. Stirling Crawfurd, esq.
Earl of Derby.
Sir H. Des Vœux.
Earl de Durham.
Marquis d'Exeter.
Vicomte Falmouth.
Earl Fitzwilliam.
Hon. G. W. Fitzwilliam.
Earl of Glasgow.
Car of Granville.
Marquis d'Hastings.
Sir J. Hawley.
Sir J. Johnstone.
Le capitaine D. Lane.
Lord Henry G. Lennox.
Earl of Lonsdale.
H. Lowther, esq.
Lord George Manners.
Lord de Mauley.
J. Mills, esq.
Duc de Montrose.
R. H. Nevill, esq.
Duc de Newcastle.
Vicomte Palmerston.
G. Payne, esq.

Le général Peel.
Earl of Portsmouth.
Lord Rendlesbam.
Lord Ribblesdab.
Le duc de Richmond.
Earl of Rosslyn.
Baron de Rothschild.
Hon. admiral H. Rous.
Duc de Rutland.
Duc de Sáint-Albans.
Vicomte Saint-Vincent.
H. Saville, esq.
Lord Southampton.
Earl of Stamford et Warring-
    ton.
J. M. Stanley, esq.
Earl of Stradbroke.
Earl of Stratford.
Earl of Strathmore.
Gerard of Sturt, esq.
C. Towneley, esq.
Earl of Uxbridge.
Earl of Westmorland.
Earl of Wilton.
Earl of Winchilsea.
Sir W. W. Wynn.
Earl of Zetland.

Les réunions, en Angleterre, sont au nombre de 92;
savoir :

Abergavenny.
Abingdon.
Airdrie.
Ascot Heath.
Ayr.
Bath.
Bedford.
Beverley.

Brighton.
Cambridge.
Canterbury.
Cardiff.
Carlisle.
Cutteriek Bridge.
Chatham.
Chelmsford.

Chesterfield.
Chester.
Coventry.
Croxton-Park.
Derby.
Doncaster.
Downham.
Dover.
Durham.
Edimburgh.
Egham.
Eglinton-Park.
Epsom.
Goodwood.
Hampton.
Harpenden.
Hartlepool.
Hereford.
Holylake.
Hungerford.
Huntingdon.
Ipswich.
Kelso.
Knighton.
Knutsford.
Lanark.
Leicester.
Lenham.
Lewes.
Lichfield.
Lincoln.
Liverpool.
Malton.
Manchester.
Marlborough.
Monmouth.
Musselburgh.
New-Caste upon Tyne.
New-Market.

Newton.
Northallerton.
Northampton.
North-Staffordshirs.
Nottingham.
Odiham.
Oxford.
Paisley.
Perth.
Plimouth.
Pontefract.
Radcliffe.
Reading.
Richmond.
Ripon.
Salisbury.
Shrensbury.
Sonthminster.
Stamford.
Stirling.
Stockbridge.
Stockton.
Stourbridge.
Tenbury.
Thirsk.
Walsall.
Warwick.
Wenlock.
Weston-Zoyland.
Weymouth.
Whitehaven.
Winchester.
Withernsea.
Wolverhampton.
Worcester.
Wrexham.
Yarmouth.
York.

Plusieurs de ces lieux de courses ont deux et même jusqu'à trois réunions par an.

Les plus célèbres sont celles d'Epsom, — Goodwood, — Ascot heath, — Bath, — Brighton, — Chester, — Doncaster, — Hampton, — Leicester, — Liverpool, — Malton, — Oxford, — Plimcuth, — Richmond, — Warwick, — Yarmouth, — York.

GAGNANTS DU DERBY (EPSOM).

Années	NOMS DES PROPRIÉTAIRES.	CHEVAUX.	CHEV. ENGA-GÉS.	CHE-VAUX PARTIS
1780	Sir C. Bunburg.	Diomed.	36	9
1781	M. O'Kelly.	Y. Eclipse.	35	15
1782	Lord Egremont.	Assassin.	35	13
1783	M. Parker.	Saltram.	34	6
1784	M. O'Kelly.	Sergeant.	30	11
1785	Lord Claremont.	Aimwell.	29	10
1786	M. Parton.	Noble.	29	15
1787	Lord Derby.	Sir Peter Zeagle.	33	7
1788	Prince de Galles.	Sir Thomas.	30	11
1789	Duc de Bedford.	Skyveraper.	30	11
1790	Lord Grosvenor.	Rhadamanthus.	32	10
1791	Duc de Bedfort.	Eager.	32	9
1792	Lord Grosvenor.	John Bull.	32	7
1793	Sir F. Poole.	Waxy.	50	13
1794	Lord Grosvenor.	Dœdalus.	49	4
1795	Sir F. Standish.	Spread-Eagle.	45	11
1796	Sir F. Standish.	Didelot.	45	11
1797	Duc de Bedford.	Pn b. b. par Fidget.	37	7
1798	M. Cookson.	Sir Harry.	37	10
1799	Sir F. Standish.	Archduke.	33	11
1800	M. Wilson.	Champion.	33	13
1801	Sir C Bunburg.	Eléanor.	31	11
1802	Duc de Grafton.	Tyrant.	30	9
1803	Sir H. Williamson.	W's Ditto.	35	6
1804	Lord Egremont.	Hannibal.	33	8
1805	Lord Egremont.	Cardinal Beaufort.	39	15
1806	Lord Foley.	Paris.	39	12
1807	Lord Egremont.	Election.	38	13
1808	Sir H. Williamson.	Pan.	38	10
1809	Duc de Grafton.	Pope.	45	10
1810	Duc de Grafton.	Whalebone.	45	11
1811	Sir J. Shelly.	Phantom.	48	16
1812	M. Ladbrooke.	Octavius.	47	14
1813	Sir C. Bunburg.	Smolensko.	51	12
1814	Lord Stawell.	Blucher.	51	14
1815	Duc de Grafton.	Whisker.	51	13
1816	Duc d'York.	Prince Léopold.	51	11
1817	M. Payne.	Azor.	56	13
1818	M. Thornhill.	Sam.	56	16
1819	Duc de Portland.	Tiresias.	54	16
1820	M. Thornhill.	Sailor.	52	15
1821	M. Hunter.	Gustavus.	54	13
1822	Duc d'York.	Moses.	53	12

GAGNANTS DU DERBY (EPSOM) *suite.*

ANNÉES	NOMS DES PROPRIÉTAIRES.	CHEVAUX.	CHE-VAUX ENG.	CHE-VAUX part.	TEMPS.	
1823	M. Udny.	*Emilius.*	60	11		
1824	Sir J. Shelly.	*Cedric.*	58	17		
1825	Lord Jersey.	*Middleton.*	58	18		
1826	Lord Egremont.	*Lapdog.*	57	19		
1827	Lord Jersey.	*Mameluke.*	89	23		
1828	Duc de Rutland.	*Cadland.*	89	15		
1829	M. Gratwicke.	*Frédérick.*	89	17		
1830	M. Chifney.	*Priam.*	89	23		
1831	Lord Lowther.	*Spaniel.*	105	23		
1832	M. Risdale.	*Saint-Gilles.*	101	22		
1833	M. Salder.	*Dangerous.*	124	25		
1834	M. Batson.	*Plenipotentiary.*	123	23		
1835	M. Bowes.	*Mundig.*	128	14		
1836	Lord Jersey.	*Bay-Middleton.*	128	21		
1837	Lord Berners.	*Phosphorous.*	131	17		
1838	Sir G. Heathcote.	*Amato.*	134	23		
1839	M. W. Ridsdale.	*Blombury.*	143	21		
1840	M. Robertson.	*Little-Wonder.*	144	17		
1841	M. Rawlinson.	*Coronation.*	154	29		
1842	Col. Anson.	*Attila.*	180	24		
1843	M. Bowes.	*Cotherstone.*	155	23		
1844	Col. Peel.	*Orlando.*	153	29		
1845	M. Gratwicke.	*Merry-Monarch.*	137	31		
1846	M. Gully.	*Pyrrhus the First*	103	29	2ᵐ	55ˢ
1847	M. Pedley.	*Cossack.*	188	32	2	52
1848	Lord Clifden.	*Surplice.*	215	17	2	48
1849	Lord Eglinton.	*Flying Dutchman*	237	26	3	00
1850	Lord Zetland.	*Voltigeur.*	205	24	2	50
1851	Sir J. Hawley.	*Teddington.*	192	33	2	51
1852	M. Bowes.	*Daniel-'n Rourke*	181	27	3	02
1853	M. Bowes.	*West-Australian*	195	28	2	55 ½
1854	M, Gully.	*Andover.*	217	27	2	52
1855	M. F. L. Popham	*Wild-Daycell.*	191	12	2	54
1856	L'amir. Harcourt	*Ellington.*	211	24	3	04
1857	M. d'Anson.	*Blink-Bonny.*	202	30	2	45
1858	Sir J. Hawley.	*Beadsman.*	200	23	2	45
1859	Sir J. Hawley.	*Musjid.*	246	30	2	59
1860	M. Merry.	*Thormanby.*	225	6	2	55
1861	Colonel Towneley	*Kettledrum.*	238	18	2	43
1862	M. Snewing.	*Caractacus.*	233	34	2	45 ½
1863	M. R. C. Naylor.	*Macaroni.*	255	31	2	50 ½
1864	M. J. Anson.	*Blair-Athol.*	234	30	2	43
1865	Cᵗᵉ de Lagrange.	*Gladiateur.*	253	30	2	45

CHANTILLY

Note B (p. 131).

SOCIÉTÉ D'ENCOURAGEMENT.

Le Comité des courses de la Société d'Encouragement se compose aujourd'hui comme suit :

PRÉSIDENT :

M. Le vicomte Paul Daru.

MEMBRES FONDATEURS :

MM.	MM.
Le comte de Cambis.	Le baron de la Rochette.
Fasquel (de Courteuil).	Le baron Le Couteulx.
Charles Laffitte.	Le duc d'Albuféra.
Ernest Le Roy.	J. Reiset.
Achille Fould.	Le général prince de la Mos-
Auguste Lupin.	kowa.
Le vicomte Paul Daru.	Le comte Henri Greffulhe.
Le comte d'Hédouville.	Le comte Alfred de Noailles.

MEMBRES ADJOINTS :

MM.

Le baron de Pierres.
Le comte A. des Cars.
Le baron N. de Rothschild.
Le duc de Morny.
Le duc de Fitz-James.
Adolphe Fould.
Le comte W. de Komar.
Arthur Schickler.

MM.

Charles Calenge.
J.-M.-L. Mackensie-Grieves.
Henry Delamarre.
Le comte P. Rœderer.
Le comte Hocquart de Turtot.
Le général Fleury.
Le marquis de Lauriston.

COMMISSAIRES DES COURSES :

MM. Le baron de La Rochette.
     Le comte A. de Noailles.
     Le comte H. Greffulhe.

M. le comte d'Hédouville, commissaire-adjoint pour la surveillance du terrain de course, à Chantilly.

M. Mackenzie-Grieves, pour la surveillance du terrain de Paris.

Parmi les membres de la Société d'Encouragement ceux qui s'occupent spécialement des courses sont :

MM.

Albuféra (duc d').
Arenberg (prince Auguste d').
Beaumont (comte de).
Beauvau (prince Marc de).
Beauvau (prince Étienne de)
Bedmar (marquis de).
Béhague (Octave de).
Béraudière (comte de la).
Béraudière (vicomte de la).
Bernis (comte Albéric de).
Berteux (vicomte de).
Besenval (comte Amédée de).
Béthune-Sully (comte Charles de).
Plangy (vicomte Henri de).
Blount (H. Aston).

MM.

Boisgelin (marquis de).
Bourg (comte du).
Bréon (comte de).
Brézé (vicomte de Dreux-).
Caderousse-Gramont (duc de).
Calenge (Charles).
Cambis (comte de).
Carayon-la-Tour (Joseph de).
Cars (comte Amédée des).
Castelbajac (comte Gaston de).
Chabrillan (comte R. de).
Chezelles (Roger de)
Chezelles (Henri de).
Chezelles (Arthur de).
Choiseul (comte Horace de).

MM.

Coriolis (baron de).
Courval (baron de).
Croix (marquis de).
Damas (comte Maxence de).
Dampierre (vicomte de).
Dampmartin (vicomte de).
Daru (vicomte Paul).
Daru (baron Eugène).
Delahante (Paul).
Delamarre (comte Achille).
Evry (comte Ernest d').
Fasquel (de Courteuil).
Ferronnays (comte A. de la).
Finot (baron Jules).
Fitz-James (duc de).
Fleury (général Émile).
Fould (Achille).
Fould (Adolphe)
Fould (Édouard).
Galliffet (marquis de).
Greffulhe (comte Charles).
Hédouville (comte d').
Hénin (prince d').
Hespel (comte Octave d').
Heursel (Louis d').
Hocquart de Turtot (comte).
Juigné (marquis Ernest de).
Komar (comte Wladimir de).
Laffitte (Charles).
Lagrange (comte Frédéric de).
Langle (marquis de).
Lauriston (marquis de).
Lauriston (comte de).
Le Couteulx (baron).
Lentilhac (comte Gaston de).
Le Roy (Ernest).
Ligne (prince Henri de).
Ligne (prince Charles de).
Lignières (Arthur de).

MM.

Louvencourt (comte Arthur de).
Lupin (Auguste).
Mackenzie-Grieves (John-Mac-Lean).
Manoir (comte Roger du).
Menchikoff (prince Pierre).
Miramon (marquis de).
Montécot (marquis de).
Montgomery (Alfred de).
Mosselman (Hippolyte).
Murat (prince Joachim).
Namur (vicomte de).
Nexon (baron de).
Nivière (baron Léon).
Noailles (marquis Emm de).
Osmond (comte d').
Poeze (comte de la).
Poeze (vicomte Raoul de la).
Pomereu (marquis de).
Ricardo (Frédéric).
Rochefoucauld Liancourt (comte A. de la).
Rochette (baron de la).
Rœderer (comte Pierre).
Rothschild (baron James de).
Rothschild (baron Antony de).
Rothschild (baron Alphonse de).
Rothschild (baron Gustave de).
Roys (comte des).
Saint-Roman (vicomte de).
Saint-Roman (Henri de).
Saint-Sauveur (comte de).
Saint-Seine (comte S. de).
Saint-Vallier (comte de).
Salverte (Gaston de).
Salverte (Paul de).

<table>
<tr><td>

MM.

Schickler (Arthur).
Stanley (John).
Talon (vicomte Artus).
Teisseire (Jules).
Terves (Charles de).

</td><td>

MM.

Ursel (comte d').
Veauce (baron de).
Verry (Jules).
Waldstein (comte).
Yacovleff.

</td></tr>
</table>

GAGNANTS DU PRIX DU JOCKEY-CLUB

Ann.	Propriétaires.	Chevaux.	Jockeys.	Entraîneurs.
	MM.			
1836	Ld H. Seymour	Franck	T. Robinson	T. Carter
1837	Ld H. Seymour	Lydia	Flahman	T. Carter
1838	Ld H. Seymour	Vendredi	T. Robinson	T. Carter
1839	Cte de Cambis	Romulus	F. Edwards	G. Edwards
1840	Eug. Aumont	Tontine	York	T. Hurst
1841	Ld H. Seymour	Poetess	W. Boyce	R. Boyce
1842	Cte de Perregaux	Plower	J. Ellam	T. Hurst
1843	De Pontalba	Renonce	J. Ellam	R. Carter
1844	Pr. de Beauvau	Lanterne	E. Hardy	H. Jennings
1845	A. Aumont	Fitz-Emilius	G. Halt	T. Hurst
1846	Bar. Rothschild	Meudon	Flahman	T. Carter
1847	A. Aumont	Morok	F. Edwards	T. Hurst
1848	Lupin	Gambetti	H. Neale	H. Neale
1849	T. Carter	Expérience	T. Carter neveu	T. Carter
1850	Lupin	Saint-Germain	Chifney	H. Neale
1851	Lupin	Amalfi	H. Neale	H. Neale
1852	A. Aumont	Porthos.	T. Webb	T. Jennings
1853	Lupin	Jouvence	R. Sherwood	R. Sherwood
1854	Reiset	Celebrity	Bartholomew	T. Carter
1855	A. Aumont	Monarque	Spreoty	T. Jennings
1856	Pr. de Beauvau	Lion	Flahman	H. Jennings
1857	Lupin	Potocki	Ashmall	R. Cunnington
1858	Cte de Lagrange	Ventre-St-Gris	Kendall	T. Jennings
1859	Cte de Lagrange	Black-Prince	Quinton	T. Jennings
1860	Mme Latache de Fay	Beauvais	Chifney	T. Jennings
1861	Cte de Lagrange	Gabrielle d'Estrées	Fordham	J. Boldrick
1862	Julien Robin	Souvenir	Kitchener	C. Bains
1863	De Montgomery	La Toucques	J. Doyle	Fobert
1864	M. Delamarre	Bois-Roussel	Flahman	T. Carter fils
1865	Major Fridolin	Gentran	C. Pratt	C. Pratt

GAGNANTS DU GRAND PRIX DE PARIS

1863, Saville, The Ranger, monté par Goater.
1864, Delamarre, Vermout, monté par Kitchener, et entraîné par
    Thomas Carter neveu.
1865, M. le comte de Lagrange, Gladiateur, entraîné par T. Jennings,
    monté par H. Grimshaw.

FIXATION DU DIMANCHE POUR COURIR LE PRIX DE 100,000 FR.

La fixation du dimanche pour courir, au printemps prochain, le prix de 100,000 fr. sur le champ de courses de Paris est devenu le sujet d'une controverse qui s'est engagée même parmi les personnes étrangères au turf.

Le sentiment public est de plus en plus conforme à la résolution adoptée par la Société d'Encouragement, qui s'est fondée sur des considérations en rapport, non-seulement avec les traditions de notre pays, mais avec les tendances sensibles qui se manifestent généralement en Europe, et même dans l'esprit du peuple anglais.

Ainsi l'Angleterre, qui autrefois arrêtait les services publics de voitures, de postes, de bateaux officiels, qui entravaient le mouvement de la vie de loisir, les déplacements d'excursionnistes, est revenue sur ces restrictions, et aujourd'hui des trains de plaisir, organisés sur toutes les lignes de fer qui aboutissent à quelque point intéressant, lancent des masses d'excursionnistes qu'on recrute à grands renforts de prix réduits et de grande vitesse, sans parler du reste.

Ces légères modifications s'expliquent dans les habitudes d'une nation aussi éclairée que l'Angleterre, en ce qu'elles ne dérogent en rien, ou en peu de chose, à l'esprit sincèrement religieux dont elle s'inspire. Les opinions absolues et exclusives sont peu de notre époque. Leur direction se rapproche de plus en plus de la douce tolérance, qui aime mieux la *miséricorde que le sacrifice, et justifiée par la nécessité.*

L'esprit humain semble vouloir faire entrer ce qu'on peut appeler le *bon sens* dans la pratique de la vie et dans l'esprit des institutions. La sanctification absolue, exclusive du dimanche, de minuit à minuit, est chose moins possible que jamais dans les sociétés modernes. Ainsi, quand cette sanctification était proclamée, même en Angleterre, jusqu'à interdire ce jour-là l'exercice de toutes les professions et des industries, il est bien évident que le *bon sens* exceptait de l'interdiction l'hôtelier, le tavernier et ses gens, les cuisiniers et les domestiques attachés au service des maisons et le médecin appelé auprès du malade, et que cette réglementation ne prétendait pas pousser son action jusqu'à arrêter le travail de la pensée, auquel l'écrivain, l'homme politique, l'avocat, pouvait se livrer pour préparer l'œuvre du lendemain. Le bon sens le voulait.

Or, il n'est pas fort difficile d'admettre, en vertu de ce même précepte, que l'homme dont le travail quotidien nourrit sa famille, et lui vient en aide dans les extrémités de la maladie, puisse être admis à s'y livrer le jour du sabbat.

De là l'esprit de tolérance dont le sentiment religieux fait preuve en France, tout en proclamant nécessaire la sanctification du dimanche en ce qui touche la prière ou l'observation stricte des devoirs religieux. Mais le sacrifice et la miséricorde peuvent au besoin parfaitement s'allier ensemble, et c'est à la pratique de cette heureuse harmonie des devoirs que tend aujourd'hui le *bon sens religieux*.

Il est de la sagesse autant que de l'humanité, dit un écrivain du xviiie siècle, en ce qui touche les divertissements du monde aux jours de repos religieux, de permettre que le monde se livre à ceux qui sont publics, parce qu'ils sont toujours innocents. Il n'y a qu'une vertu peu éclairée qui puisse le défendre. On ne dira pas, certes, que la morale de Fénelon fut relâchée; il n'en exista peut-être jamais de mieux sentie. Eh bien! tout vertueux qu'il était, il était loin d'applaudir à cette rigueur. Un de ses curés, se félicitant en sa présence d'avoir aboli les danses des paysans les jours de dimanche et fêtes : « Monsieur le curé, dit Fénelon, ne *dansons point*, mais permettons à ces pauvres gens de danser. Pourquoi les empêcher d'oublier un moment combien ils sont malheureux? »

Ce trait de l'archevêque de Cambrai est tiré des éloges lus aux séances publiques de l'Académie française par Dalembert.

Nous dirons si vous voulez, comme M. de Fénelon : « Ne dansons pas le dimanche; » nous dirons encore : « Ne permettez pas qu'au sein des grandes villes des danses publiques d'un certain caractère aient lieu; » nous irions même encore plus loin dans nos interdictions, et en cela nous serions flatté de nous trouver en parfaite concordance de vue et de sentiment avec l'Angleterre; mais nous comprendrions difficilement que les courses de chevaux fussent assimilées à ces réunions de mauvais aloi. Les courses sont un noble spectacle. Leur institution est utile. Il doit nous importer, à ce point de vue, de les populariser chez nous. L'Angleterre ne peut certes que nous approuver dans cette tentative. Or, pour arriver à cette popularisation, vu l'état de nos mœurs,

le choix du dimanche était indiqué pour courir le grand prix
de 100,000 fr., par les considérations que nous avons déjà
indiquées. Dans tous les cas, l'Angleterre, dans le choix de
ce jour, devrait voir une de ces concessions qu'une tolérance
éclairée fait *à la nécessité*. Et, à cet égard, qu'elle compare
les concessions qu'elle-même a faites dans la sanctification
du dimanche, lorsque ce précepte biblique et primitif, dans
son application absolue, interdisait de travailler aux choses
même les plus nécessaires, comme de PRÉPARER A MANGER.
De là les paroles des pharisiens s'adressant aux disciples de
Jésus, passant le long des blés un jour de sabbat.

Eugène CHAPUS.

ÉCURIES D'ENTRAINEMENT A CHANTILLY.

M. A. Schickler.—Entraîneur, John Bains; jockey, Morti-
mer.—Casaque blanche, manches cerise, toque cerise.

M. Reiset.—Entraîneur et jockey, Bartholomew.—Casaque marron, manches bleues et toque bleue, galon argent.

M. Teisseire.—Entraîneur, Boldrick; jockey, Chifney.
Casaque bleue, toque blanche.

M. Delamarre.—Entraîneur, R. Carter fils; jockey, Flahman.—Casaque marron, manches rouges, toque noire.

M. le baron Daru.—Entraîneur, Gibson; jockey, Bundy.
—Casaque orange, manches noires, toque noire.

M. H. Lunel.—Entraîneur, Osborn; jockey, J. Watkins.
— Casaque bleue, toque bleue.

M. Paul Aumont.—Entraîneur et jockey, Spreoty.—
Casaque blanche, toque verte.

M. A. Lupin, J. Hayoë.—Entraîneur-jockey, Kitchener.
—Casaque noire, toque rouge, galon d'or.

M. le baron de Rothschild.—Entraîneur, Thomas Carter;
jockey, William Carter.—Casaque bleue, toque jaune.

A LA MORLAYE, PRÈS CHANTILLY.

M. le major Fridolin.—Entraîneur et jockey, Charles
Pratt.—Casaque blanche, toque bleue.

A ROYAL-LIEU, PRÈS COMPIÈGNE.

M. le comte de Lagrange. — Entraîneur, Thomas Carter neveu; jockey, Grimshaw.— Casaque bleue, manches
rouges, toque rouge.

A LA CROIX-SAINT-OUEN, PRÈS COMPIÈGNE.

Henry Jennings.— Entraîneur-jockey, A. Watkins.—
Casaque jaune, toque noire.

ENTRAÎNEURS PUBLICS.

Kent, Planner, Gibson, H. Lamplagh.

On compte en France 105 hippodromes, dont les principaux sont : Paris, Chantilly, Versailles. Fontainebleau, Moulins, Châlon-sur-Saône, Caen, Marseille, Boulogne-sur-Mer, Amiens, Abbeville, Bourges, Le Pin, Le Mans, Tours, Angers, Nantes, Tarbes, Bordeaux, Valenciennes, Deauville, etc., etc.

BADE

NOTE C (p. 171).

Les communications entre Paris et Bade sont très-multi-
pliées, grâce au service ordinaire du chemin de fer de l'Est
et aux trains supplémentaires et de plaisir qui sont organisés
toutes les fois que le besoin s'en fait sentir, en vue de la
convenance du public.

De Paris à Bade il y a six trains par jour, dont deux à
grande vitesse.

L'un, partant à 8 heures 35 du matin et arrivant à
6 heures 4 m. du soir.

L'autre, partant à 8 heures 35 du soir, arrivant à
7 heures 20 du matin.

Le train omnibus, partant de Paris à 9 heures 25 du soir,
arrive le lendemain à midi.

Le train omnibus, partant de Paris à 7 heures 10 du
matin, arrive à 10 heures 55 du soir.

PRIX DES PLACES.

Premières, 56 fr. 20 c.

Deuxièmes, 42 fr. 15 c.

Troisièmes, 30 fr. 90 c.

Il existe, en outre, pendant toute la durée de la belle saison, des trains de plaisir organisés au profit des touristes, qui peuvent, au prix très-modique de 130 francs. parcourir la Belgique, toute la ligne des villes Rhénanes, pendant l'espace facultatif d'un mois.

De Strasbourg à Bade, et *vice versa*, il existe sept départs par jour, dont deux express, l'un à 7 heures 20 du matin, l'autre à 1 heure 25.

PRIX DES PLACES.

Premières, 4 fr. 75 c.

Deuxièmes, 3 fr. 25 c.

Troisièmes, 1 fr. 95.

. On prend des places directement de Paris pour Bade.

Pour se rendre compte de la durée totale du trajet de Paris à Bade, il faut ajouter 2 heures et demie à la durée du voyage de Paris à Strasbourg.

Les hôtels, nombreux à Bade, sont généralement bons et à des prix raisonnables. Il y en a pour toutes les bourses, depuis l'auberge, le *Gasthof,* à 1 fr. et 1 fr. 50 c. la chambre, jusqu'aux établissements de premier ordre, où le luxe et le confort se trouvent réalisés d'une manière superlative au profit du voyageur.

Il faut citer au nombre des meilleurs hôtels :

La *Cour de Bade,* princier et splendide.

L'*Hôtel d'Angleterre*.

L'*Hôtel de Russie*.

L'*Hôtel Victoria*.

L'*Hôtel de la ville de Bade*, près de la station du chemin de fer; propre, confortable et d'une tenue irréprochable.

L'*Hôtel de France*.

L'*Hôtel Royal*.

L'*Hôtel de Hollande*.

L'*Hôtel des Bains Stéphanie*.

Puis l'*Hôtel Darmstadt*.

L'*Hôtel de la Fleur*.

L'*Hôtel de l'Etoile d'Or*.

L'*Hôtel de la Rose*.

Distance des différentes promenades des environs de Bade.

	Aller et venir sans séjour	
	EN VOITURE.	A PIED.
	Heures.	Heures.
Château d'Eberstein.	3	6
Château d'Eberstein et retour par Gerns-bach.	3 1/2	6
Ruines d'Eberstein.	2	3
Fremersberg.	1 1/2	2
Fremersberg et Maison de chasse.	2 1/2	3
Maison de chasse.	1 1/2	2
Seelach.	1 1/2	2
Chaire du diable (chemin du Mercure).	1 1/2	1 1/2
Gérolsau et Cascade.	2	3
Neuweier, Steinbach, Sinsheim et Oos.	3	4 1/2
Favorite.	3	4
Gernsbach.	2 1/2	3 1/2
Rothenfels, par Kuppenheim et retour par la forèt.	3	5
Vallée de la Murg, en passant par le château d'Eberstein.	4 1/2	1 jour.
Gernsbach, Rothenfels, Kuppenheim et la Favorite.	4 1/2	1 jour.
Forbach.	6 à 7	1 jour.
Vieux-Château.	1 1/2	1 1/2
Ybourg.	3	4

Tarif des chevaux de selle.

2 heures	2 fl. 20 kr.
3 —	3 16
4 à 5 —	4 40
5 à 10 —	7 28

Tarif des ânes.

Demi-journée . . . . 1 fl. 24 kr.
Une journée 2   48

Tarif des courses de droschkes depuis la ville jusqu'à la gare du chemin de fer.

DURÉE DE LA COURSE.	Pour une ou deux personne.		Pour 3 ou 4 personnes.	
	Fl.	kr.	Fl.	kr.
Un quart d'heure	»	24	»	36
Une demi-heure	»	36	»	48
Trois quarts d'heure	»	48	1	»
Une heure	1	»	1	15
Depuis la gare du chemin de fer jusqu'au Château Neuf.	»	36	»	48
Depuis la gare du chemin de fer jusqu'à Lichtenthal	»	48	1	»

Tarif des courses en Droschkes.

DURÉE DE LA COURSE.	Pour une ou deux personnes.		Pour 3 ou 4 personnes.	
	Fl.	kr.	Fl.	kr
Un quart d'heure	»	24	»	30
Une demi-heure...	»	36	»	45
Trois quarts d'heure...................	»	48	1	»
Une heure...........................	1	»	1	15
Une heure et quart.......	1	12	1	30
Une heure et demie..	1	24	1	45
Une heure trois quarts.................	1	36	2	»
Deux heures.........................	1	48	2	15
Deux heures et quart.................	2	»	2	30
Deux heures et demie.........	2	12	2	45
Deux heures trois quarts...............	2	24	3	»
Trois heures..	2	36	3	15
Trois heures et quart.................	2	48	3	30
Trois heures et demie	3	»	3	45
Trois heures trois quarts...............	3	12	4	»
Quatre heures..........	3	24	4	15

Chaque quart d'heure en sus se paye 12 kr.

Les courses, dont la nomenclature suit, sont soumises au tarif suivant, quel que soit le nombre des personnes placées dans la voiture.

	Jusqu'à six heures de course.		De six à douze heures de course.	
	Fl.	kr.	Fl.	kr.
Au château d'Eberstein	5	—	7	—
Au château d'Eberstein et retour par Gernbach	6	—	7	—
A Ebersteinbourg	4	—	6	—
Au Fremersberg	3	—	5	—
Au Fremersberg par la Maison de chasse	4	—	6	—
A la Maison de chasse	3	—	4	—
A la Seelach	3	—	5	—
A la Chaire du diable (*Teufelskanzel*), avec une demi-heure d'arrêt et retour, ou bien avec renvoi de la voiture	»	—	2	50
Si l'on prolonge le séjour à la Chaire du diable au delà d'une demi-heure, on payera chaque quart d'heure en sus	»	—	»	12
A Géroldsau, jusqu'à la Cascade	4	—	6	—
A Neuweier, Steinbach, Sinzheim et retour par Oos	5	—	7	—
A la Favorite	3	30	5	—
A Gernsbach	4	30	7	—
A Rothenfels par Kuppenheim ou par la forêt	4	30	6	—
Course à travers la vallée de la Murg, par le château d'Eberstein, Gernsbach, Rothenfels, Kuppenhein et la Favorite	»	—	8	30
A Forbach	»	—	9	—
A Forbach par la Favorite et Rothenfels	»	—	12	—
Au Vieux-Château, avec temps d'arrêt	4	—	5	24
Au Vieux-Château, en renvoyant de suite la voiture vide	2	30	»	—
A Ybourg	5	—	7	—
A Rastadt	4	—	6	—
A Erlenbad	»	—	10	—
A Achern	»	—	9	—
A la Houb	6	—	8	—
Au Mercure, par Mullenbild ou la Chaire du diable	7	—	9	—
Au Mercure par Mullenbild ou la Chaire du diable, et retour par le Vieux-Château	»	—	10	—
A Herrenvics par la Cascade de Géroldsau	»	—	12	—
A Herrenvics par la Seelach et la hauteur de Bade	»	—	12	—
A Steinbach	4	—	6	—
A Bühl	5	—	7	—

NOTES.

Tableau comparatif de la valeur des francs et des florins

(Le florin se divise en 60 kreutzer.)

FRANCS EN FLORINS.			FLORINS EN FRANCS.		
Fr. c.		Fl. kr.	Fl. kr.		Fr. c.
— 05	=	— 1 1/2	— 1	=	— 03
— 10	=	— 3	— 3	=	— 10
— 40	=	— 11 1/2	— 12	=	— 43
— 50	=	— 14	— 30	=	1 07
1 —	=	— 28	1 —	=	2 14
5 —	=	2 20	2 —	=	4 28
10 —	=	4 40	7 —	=	15 —
15 —	=	7 —	10 —	=	21 43
20 —	=	9 20	20 —	=	42 86
50 —	=	23.20	50 —	=	107 14
100 —	=	46 40	100 —.	=	214 29
1000 —	=	466 40 }	1000 —	=	2142 85

FIN.

TABLE

9 782329 338095